大企業若手50社1200人
会社変革ドキュメンタリー

仕事はもっと楽しくできる

ONE JAPAN

プレジデント社

仕事はもっと楽しくできる

大企業若手 50社1200人
会社変革ドキュメンタリー

はじめに

〜一歩踏み出せば会社はもっと楽しくなる〜

ONE JAPAN共同発起人・代表
パナソニック　濱松　誠

夢や希望を持って今の会社に入社したのに、実際に仕事を始めたらなんだか思っていたのと違った……。そう感じて悶々としている人はいませんか。

・上から降ってくるやらされ仕事ばかりで、やりがいを持てる仕事がゼロ
・上司の話は明らかに時代遅れ。でも、どうせ言っても無駄
・新しいことに取り組もうとしても、やる気のある人が社内にいない
・頑張ったぶんだけ損した気分になる
・実績のない若手に仕事は任せられないと言われるが、実績をつくるためのチャンスもない
・事業開発やオープンイノベーションとは口ばかりで、何も新しいものが生まれない……

これは、私がこれまで（大げさではなく）何百回、何千回と聞いてきた、会社に勤める若

手の悩みです。そして同時に、私自身が20代の頃に悩んでいたことでもあります。

今いる会社がつまらないと考えた人がとる道は、3つあります。

「辞める」か「染まる」か「変える」かです。

「辞める」ことを否定する気は全くありません。もっと自分に合った風土の企業に転職する手もあるし、自分で起業する、スタートアップにジョインする道もあるでしょう。

しかし、会社に残ると決めたのであれば、「染まる」か「変える」か、どちらかになります。今いる会社に染まりたくなかったら、自分で少しでも働きやすく楽しい会社に変えていくしか、方法はありません。

この本でお伝えするのは、「変える」を選んだONE JAPANのメンバー、50社1200人の話です。

「会社を変えるなんて、到底、無理」

と思うかもしれません。でも、ちょっと待ってください。私たちは大それたことを言っているわけではありません。私たち若い世代が、今すぐ大企業のルールや仕組みを変えられるとも思っていません。

けれども、同じように考えている周りの仲間たちとつながりを持ち、一緒に会社を良くしていくことは、若い私たちにもできます。

「辞める」か「染まる」か「変える」か――。

辞めない。でも染まりたくないなら、「変える」を選んでみませんか?

＊

改めまして、濱松誠です。私は現在35歳です。

新卒でパナソニックに入社し、29歳の時に「One Panasonic（ワンパナソニック）」という若手社員をつなげる活動を立ち上げそのリーダーをしてきました。また、2

016年には様々な会社の若手有志をつなげるONE JAPANを立ち上げ、今はその代表もしています。

会社に入社して上司に指示された仕事を毎日こなしていると、時々自分が何のために働いているのかわからなくなります。この会社にとって自分の存在はあってもなくてもいいんじゃないか、と思ってしまうこともあります。

かといって、何かを変えたいと思っても、大企業で若手ができることは限られています。**だったら、せめて毎日もっと楽しく仕事をできる環境をつくりたい。そのために、若手同士でもっとつながりたい。部署を超えてなるべくたくさんの人と会いたい、話したい**と思って立ち上げたのが、「One Panasonic」でした。

この有志活動で約50回の交流会や勉強会を行い、のべ5000人の社内外の若手と時間を共にしました。最初は小さな飲み会からスタートしたこの活動がきっかけで、私の周りには様々な変化が生まれました。私にとって会社は、以前よりもずっと楽しい場所になりました。**いろんな部署に知り合いができたことで、仕事のスピードが速くなったし、自分の興味を仕**

事につなげることもできるようになりました。社長をはじめ、役員たちと話す機会が持てるようになり、経営者の危機感や視座の高さをリアルに感じることができました。

これらは全て、若手同士のつながりがきっかけでできたことばかりでした。

最初は小さな一歩でしたが、その一歩を踏み出したことによって、会社の中で見える景色が変わりました。これは、私だけではなく、一緒に活動を続けてきた仲間たちみんなが感じた変化です。

日本全国の若手サラリーマンと会う

この活動を多くのメディアに取り上げていただいたことで、日本中の若手サラリーマンと会う機会が増えました。

会社勤めをしている若手の口から出てくる悩みは異口同音。「どうせ言っても無駄」や「縦割りで意思決定のスピードが遅い」など、いわゆる「大企業病」といわれるものに対する悩みです。そして、そういった悩みは得てして、愚痴や恨み節になりやすいものです。

けれども中には、今の環境を諦めず、「自分のいる会社をもっと楽しくしたい」と考えている人たちもいました。彼らは愚痴を言うだけではなく、実際に会社を変えるために、社内で一歩を踏み出していました。その誰もが、制約の多い組織の中で、少しでも自分たちの会社や仕事を楽しく良くしたいと考えていました。

週末のたびに、日本全国に散らばる彼らと会い話をしているうちに、いつしか私には、強い想いがふつふつと湧き起こるようになりました。

会社を超えて、若手同士でつながる場をつくりたい。そこで、会社や社会を変えるようなことをしたい！

そんな仲間たちと立ち上げたのが、先にお話しした、大企業に勤める若手有志がつながる「ＯＮＥ ＪＡＰＡＮ（ワンジャパン）」です。活動開始から2年、ＯＮＥ ＪＡＰＡＮのメンバーは、50社１２００人を超えました。

ＯＮＥ ＪＡＰＡＮに参加する団体には、３つのユニークネスがあります。

①大企業の有志団体であること
②若手中心に活動していること
③個人ではなく団体として活動していること

なぜ、個人ではなく団体かというと、私たち若い世代が会社を変えようと思ったら、必ず仲間が必要になるからです。一人の力では動かない会社も、仲間や、それを応援してくれる経営層やミドルマネジメント層とつながっていけば、少しずつ変化していきます。

私たちONE JAPANのメンバーは、お互いの会社で行った活動のベストプラクティスや失敗の経験を共有し合い、会社に持ち帰っています。

まだ発足して2年の団体ですが、会社を超えたオープンイノベーションやコラボレーションを続々実現し、メディアに取り上げられる機会が増えています。自治体と協業を進めたり、行政に提言を行ったりといった活動も進んでいます。

大きな一歩もあれば、小さな一歩もある

この本では、ＯＮＥ ＪＡＰＡＮに参加する50社１２００人の若手が、会社を今より楽しく、働きがいのある場所に変えていくために行ったことを集めました。

彼らは、会社の中で一歩踏み出したことにより

・社内外に人脈が増え仕事がやりやすくなった
・社会課題を共に考える仲間ができた
・社内で自分の企画を通せるようになった
・希望する部署に異動できた
・新規事業をスタートできた
・ベンチャー出向や協業ができるようになった
・他社とのコラボレーションができた

などを叶えた人たちです。

そして何より「今いる会社や仕事が、前よりも楽しくなった」という人たちです。

私を含め、ONE JAPANのメンバーは、特別な人間ではありません。スーパーエースと言われるような人材でもありません。ただ、私たちが他の人たちとちょっと違ったのは、最初の一歩を踏み出したことです。

大きな一歩もあれば、小さな一歩もある。メンバーの数だけ、その一歩の踏み出し方と、夢を実現するための方法があります。

この本で紹介するのは、現代に生きる会社員の葛藤であり、確かな軌跡です。スーパーエースの目覚ましい活躍がメディアで取り上げられる陰には、こぼれ落ちてしまいそうな会社員のリアルがあります。

彼らの葛藤こそが、多くの会社員が抱える葛藤です。そして彼らの軌跡こそが、私たちが本当に知りたい〝仕事術〟でもあるはずです。

書籍の構想から1年。その間、プレジデント社の小倉宏弥さんと、ライターの佐藤友美さんが取材を重ね、ＯＮＥ　ＪＡＰＡＮのメンバーたちが、自分の会社でどのように一歩を踏み出したかをまとめてくれました。

本書が、日本中の会社員の背中を押す一助になれば、嬉しいです。

目次

第2章

会社を巻き込む

一番のリソースもチャンスも
実は社内にあった
ベネッセコーポレーション　佐藤徳紀

会社にルールはない。
どんな部署にいても
やりたいことは実現できる
JR東日本　村上悠

第3章
イノベーションを起こす

第１章
社内でつながる

社内でくすぶり続けるか、
それとも一歩踏み出すか――。
会社と仕事をもっと楽しくするためには
何からスタートすれば良いのだろう。

大企業は人脈が命。つながるだけでも仕事は劇的に変わる

NTT東日本 山本将裕

会社でくすぶる若手の典型例

２０１８年6月28日。ＮＴＴ東日本の新社長に就任した井上福造氏は会見で「先端技術を持つ企業様とのオープンイノベーションの推進など、ビジネスパートナーとの連携をよりいっそう進めていきたい」と話した。

ＮＴＴ東日本の公式会見で「オープンイノベーション」という言葉が出たのは初めてだ。この井上社長の言葉を、心を震わせながら聞いていたのがＯＮＥ ＪＡＰＡＮの共同発起人、山本将裕だった。彼こそまさに、ＮＴＴグループを横断する有志チームをつくり、ベンチャー企業と進めるオープンイノベーションプロジェクトの中心にいる人物である。

ここまでの道のりは、長かったようにも思えたが、いよいよこれからだという武者震いもあった。

山本は現在31歳。４年前に東北の支社から本社のビジネス開発本部に異動してきた。着任早々、もっと外部との連携を進め、オープンイノベーションを起こすべきだという企画書を書いたが、若い山本の声に当時は誰も耳を貸してくれなか

やまもと・まさひろ●ONE JAPAN共同発起人。1987年東京生まれ。中央大学経済学部卒業。2010年NTT東日本入社。石巻・仙台での法人営業を経て、現在ビジネス開発本部。2015年６月NTTグループの若手有志の横串会「O-DEN」を立ち上げ。

った。

「ビジネス開発本部」という部署名に期待したのが馬鹿らしく感じられるほど、日々の仕事はお役所のような縦割り業務。仕事にモチベーションが持てなくなった山本は、昼間は売店で業務をサボり、夜の飲み会に生きがいを見出す、典型的なサボリーマンになっていた。「こんなつまらない会社、辞めてやる」と、2年前までは本気で転職を考えていた。

社内でくすぶっていた山本が、なぜ今、会社肝いりのプロジェクト、オープンイノベーション推進チームの中心人物になり得たのか。

・希望を抱いて入社した会社で、思うように力を発揮できないもどかしさ
・時代錯誤の仕事観を押しつけてくる上司への苛立ち
・夢を共有し、悩みを相談できる仲間がいない孤独
・若手が何を言っても組織は変わらないという無力感

山本が感じてきた悩みは、多くの大企業で若手が突き当たっている壁ともいえる。それらの壁を、山本はあるひとつの方法に出合うことで乗り越えた。

31歳の若さではあるが、山本が歩んできた会社員人生は、会社でくすぶる多くの若手のひとつのロールモデルになるはずだ。

初任地は石巻。生死を分けた一本のメール

山本のキャリアは東北で始まる。中央大学経済学部卒業後、2010年に新卒でNTT東日本に入社した山本は、25年ぶりの新入社員として宮城県石巻営業支店に営業マンとして配属されていた。忙しくも充実したその日々は、ある日を境に一転する。

2011年3月11日。

その日、山本の運転する車は、女川町《おながわちょう》の海岸沿いを走っていた。その日は石巻での営業を終え、女川の海沿いの国道398号線を使って雄勝《おがつ》地区に向かう途中だった。

ドスンという大きな震動に車が跳ね、助手席に乗っていた同じ営業所の支店長に「おい、山本、ふざけた運転するな」と言われた次の瞬間には、山の方から石

や岩がばらばらと降ってきた。それが地震だとすぐに気づいたのは、その2日前にもやはり大きな揺れがあったからだ。

尋常ではない揺れ方に帰社を急ぐ山本の携帯に、仙台支店で働く同期からメールが入った。

「津波が来るから逃げて」

そのメールを受け取った直後に、山本は直進しようとしていた海岸沿いの進路を変更して右折し、山側に入るルートをとった。結果的に、この一通のメールが生死を分けることになる。その後襲った津波は、国道を避難しようとしていた車をのみ込み、当時山本が住んでいたアパートをのみ込む。石巻営業支店も一階は完全に水没して3日間閉じ込められた。

「お前らの通信が止まらなかったら……」

電気も水道も通っていない震災直後から、山本は復旧活動に明け暮れることとなった。顧客の被害状況を把握し、通信環境を取り戻すために、避難所を駆けずり回った。

今でも忘れられない出来事がある。被害状況を聞き取っていた時に、「お前らの通信が止まらなかったら、もっとたくさんの人の命が助かったんだぞ」と詰め寄られたことだった。

「その言葉はとても重いものでした。けれども同時に、僕らの会社の事業がそれだけ人々の生活に不可欠なインフラであることを再認識させてくれました。この会社での仕事は一生を賭けるに値する仕事だ。そうあらためて確信する機会にもなったんです」


被災したのは山本も同じだった。住む家を失った山本は、40年前に建てられた社宅で寝泊まりすることにした。もう何年も誰も住んでいなかったその廃屋は、かろうじて雨風は防げるものの、夜になるとねずみが走り回る。

それでも、「自分たちの仕事は人々の生活を支えている」という想いが山本を突き動かしていた。山本は、寝る間を惜しんで会社と顧客の間を走り回った。


大規模災害からの復旧には、あらゆるステークホルダーが関わる。思うように進まない復旧事業に業を煮やした山本は、仙台支社をはじめとする関係各所に毎日電話し続けていた。Aの部署に働きかけてその担当を動かしたら、次はB、C、D……と、復旧に必要なプロセスが滞らないように、ひとつずつ辿っていった。

一日も早い復旧をと、しつこく詰め寄る山本は、仙台支社に勤める先輩たちといつも喧嘩になっていたそうだ。その一方でインフラを失った顧客には、格安で通信設備を提供できるように働きかけた。

山本の働きは目覚ましく、翌年度、NTT東日本営業最優秀MVPで表彰を受ける。中には「震災バブルだ」とやっかむ者もいたが、当時の社長から表彰された。

鳴り物入りで宮城支店ビジネス営業部に異動した山本は、自治体営業でも次々と成果を挙げた。この時期、山本が取り組んだプロジェクトが、名取市の仮設住宅にタブレット端末を配布し、高齢者の見守りにICTを活用するサービス。冷蔵庫やテレビに設置する「見守りセンサー」や、警備会社と連動した「緊急通報装置」も導入した。2013年だから、まだIoT家電が話題になる前のことだ。一連の取り組みは、海外からも注目を集めた。優良事例としてNTT東日本のホームページにも紹介され、山本は再び社内表彰を受ける。そして、2014年には、27歳という若さで本社の花形部署、ビジネス開発本部へ異動することになった。

「その当時は自信満々で、『本社に行っても俺は成果を挙げることができる』と思っていました」

と、山本は当時を振り返る。

しかし、東京に戻った山本は、まさかの「ダメサラリーマン」になってしまう。

エースが一転、サボリーマンに

今回取材したONE JAPANのメンバーには「地方の支店や工場では仕事が楽しかったのに、本社に転勤になった瞬間、会社の歯車になったように感じた」と表現した人が多かった。

比較的裁量権が大きな地方での仕事から一転し、大企業の本社は業務が縦割りになりやすい。いわゆるサイロ化された組織では、若手がクリエイティビティを発揮できる機会は少ない。自分が何のために働いているか、実感を持ちにくくなると言う若手が多い。

山本も、まさにその一人だった。

希望していた部署への異動で「俺がこの会社を変えてやる！」と意気込んで本社に乗り込んだものの、日々の業務は社内調整のための会議の連続。クライアントのためならまだしも、上司を納得させるためだけにつくる資料にもイラついた。であればと出した企画書は、ＮＴＴ東日本では実現できないと鼻で笑われ検討もしてもらえない。部署名から想像していたような社外との協業もなかった。何か新しいことをやりたいと思っても本社に人脈のない山本は、誰に相談していいのかもわからない。

「ビジネス開発本部って、もっとイケてるはずだと思っていたのに……」

すっかり仕事へのモチベーションを失った山本は、業務時間内に売店で時間を潰す〝サボリーマン〟になっていった。

「どうやったら、この会社を変えられる？」

「理不尽な仕事ばかり投げてくる上司に倍返ししたい」

会社に対する怒りばかりがあったが、では具体的に会社を変える方法はというと、何をすればいいのかわからなかった。業務時間が終わったら、可能な限り早く会社を出て社外と交流する飲み会に直行する日々が続いた。2年間で3000人と出会った。

そんな山本に、人生の転機が訪れる。

当時NTT東日本に在籍していた沼田尚志氏が主催する社内外の新ビジネスに関わるイノベーターが集まるイベント「しんびじ」に参加した時のことだった。

そこで登壇したある一人の男の話に、山本は釘づけになる。

当時すでに「ONE JAPAN」の立ち上げを構想していた、パナソニックの濱松誠との出会いだった。

「辞める」か「染まる」か「変える」か

濱松は、パナソニックの社内に「One Panasonic」という若手の有志団体を立ち上げ、内定者から会社の上層部まで巻き込んだ交流会や勉強会を行っていた。

有志団体発足のきっかけは、大企業の中で若手が何を発言しても取り上げられない怒りだったという。濱松のその怒りに、山本の気持ちがシンクロした。大企業で感じている課題感も、山本が日々感じる課題と重なっていた。

One Panasonic立ち上げから3年の間に、活動に参加した若手は1500人。社内を横断したこの有志団体でのつながりがきっかけで、パナソニックでは若手の間に様々な化学変化が生まれているという。

「仕事はもっと楽しくできる。若手がたくさん集まれば、会社に働きかけることができるという話が、当時の僕には衝撃でした。しかも、濱松さんがやってきたことは本当に地道な草の根運動だった。僕自身には特殊なスキルは何もないけれど、懇親会をひたすら繰り返すことならできるかもと思わせてくれたんです」

大企業では、それまで知らなかった人とつながるだけでも大きな価値があるという濱松の言葉にも共感した。

「石巻や仙台で仕事がうまくいったのは、人と人との関わりが密で、信頼関係が築けたからです。でも東京の本社では同じ建物の中で働いているのに、全然お互いを知る機会がない。どんな仕事をするにしても、知っている人に話を通すのと、知らない人にアプローチするのでは、対応もスピード感も全然違うことを痛感していた時だったので、濱松さんの言葉がぐさぐさ刺さりました」

決定打となったのは、濱松が口にした「辞める」か「染まる」か「変える」かという言葉だった。

不満と怒りばかりが先行している自分とは違って、濱松は仲間と共に「変える」に向かって行動している。東京だから無理、本社だから仕方ないと言い訳をしている自分が恥ずかしくなった。大企業の中でも諦めず自分たちができることをひとつずつ積み重ねている濱松の姿に、素直に感動した。

会社に染まるつもりは毛頭ない。

残る選択肢は、辞めるか、変えるか。

だったら自分も濱松のように「変える」を選びたいと思った。

この気持ちが、その後の山本の原動力になる。

仕事でワクワクしていますか？

この日の夜、山本は熱に浮かされたように企画書を書いた。のちに、ＮＴＴ東日本はもとより、ＮＴＴグループに横串を通す「Ｏ-Ｄｅｎ（おでん）」の原案は、山本が濱松に出会ったその夜のうちにまとめられたものだ。

その企画書を片手に、一緒にイベントに参加した当時ＮＴＴ東日本の伊藤亜樹に声をかけた。伊藤も濱松の講演に心を揺さぶられており、話は早かった。伊藤と共に、自分たちの近くにいる同期や、共感してくれそうな先輩たちに声をかけた。現在共同代表の一杉泰仁も含め、初回は９人が集まった。

最初はビジョンもコンセプトも決めないまま、ただ「ゆるくつながって前向きな話をしよう」と、「草の根飲み会」を重ねた。ＮＴＴグループには約９５０の会社があり、28万人の社員がいる。山本が所属しているＮＴＴ東日本のグループだけでも3万人以上の社員がいて、一度も話をしたことがない人がほとんどだ。ましてや、１９９９年のＮＴＴの分社化から、ＮＴＴ西日本、ＮＴＴドコモやＮＴＴデータ、ＮＴＴコミュニケーションズなどは採用も別だったので、交流は全くといってぃいほどない。まずは、彼らとつながるだけでもいいのではないか。「One Panasonic」という名前に影響を受けて、「One電電」をもじった「O-Den（おでん）」という名前をつけた。「en」には「縁」をつなぐ、「-」には「横串」という意味も込めている。

仲間を増やすために声をかける時のキラーフレーズは「最近、仕事でワクワクしていますか?」だった。

何度か話をするうち、「イケてる人の話を聞こう」と、スペースマーケットでオシャレな貸し会議室を借り、社内外で活躍している人を呼んで勉強会をするようになった。話を聞いた後には、カクヤスでデリバリーされたお酒で乾杯し、ざっくばらんな感想を話し合う。

「各グループで頑張っている同世代の若手と『会社を良くしていこう』と話すことで、孤独感がなくなりました。熱い気持ちで仕事に取り組みたいのは自分だけじゃないと気づけたことが、自分にとっては大きかった……」

草の根運動と口コミで広がっていった「O-Den」の活動には、次第に若手だけではなく、40代の社員も参加するようになってきた。先輩に紹介してもらった役員層に掛け合って、意見交換も実現した。大企業にいると雲の上の存在になりがちな幹部層との交流会は、参加した若いメンバーたちの刺激になった。

「本業で何か企画すると、『上司を通したのか？』と言われます。でも、『本業ではなくプライベートの有志活動なんです』と言えば、部門を超えて他部署の人に声をかけることも相談することもできる。スタンプラリーをすっ飛ばすことができるんです。僕は、有志活動ならではの強みを使い倒しました」

次第に「O-Den」は、縦（部門の先輩・後輩）横（同期）斜め（部門の違う先輩や後輩）を巻き込んだ活動になっていったのだ。

若手発の新規事業創造チーム

「『O-Den』の活動は、あくまで社内につながりをつくること」

と、山本は言う。けれども、ゆるやかなつながりの先に、結果としてチャレンジする人が一人でも増えれば嬉しいというのも本音だった。

山本にチャレンジのチャンスがやってきたのは、「O-Den」を立ち上げてから1年半後のことだった。

ビジネス開発本部の副本部長が「若手に何かやらせてみたらどうだ」と発信したのだ。

くすぶっていた時代に何度も企画書を書いてはボツにされていた山本は、「今だ！」と思った。この企画が採用され、社内の事業検討メンバーが公募された。後日、公募で集まった顔ぶれを見たら、ほとんどが「Ｏ-Ｄｅｎ」でつながった仲間たちだった。

山本は、既に気心が知れた有志の仲間たちと、オープンイノベーションを推進する「ＮＴＴ東日本アクセラレータープログラム」チームをつくる。「Ｏ-Ｄｅｎ」で得た仲間と共に幹部に直接掛け合い、数千万円の予算を獲得。トーマツ ベンチャーサポートとタッグを組み、1カ月の間に30社と面接。ＮＴＴとの協業の可能性を探り、5社との連携を決定した。

中でも、バカン社と組んで成田国際空港のフードコートや待合スペースの空席情報を、デジタルサイネージやスマホに表示し、その情報をＡＩで分析する実験は、日経新聞にも取り上げられた。若手発の新規事業創造の取り組みと、話題になった。

また、インターネットの契約者を対象に、玄関や窓にセンサーをつけて不法侵入があったら警報が鳴る仕組みを、格安警備サービスを手がけるプリンシプル社と提携し、マンション向けサービスとして販売連携を立ち上げた。

どの協業も、プロジェクトの発足から、3カ月後にはアウトプットにつながった。今まででは考えられなかったそのスピード感は社内でも評判になり、チームは社長表彰を受ける。冒頭に挙げたように、2018年7月からは、正式な社内事業として専任担当部署ができることとなった。

大企業だからこそできること

NTT東日本の新社長が発表された日の夜、山本は友人限定投稿のFacebookにこう書いている。

〝社内副業と本業の融合によるプロジェクト。開発だけでなく現場も巻き込んで新価値を創造していくには組織横断である必要があると確信しています。NTT東日本のオープンイノベーションはここからはじまります！　世の中にリソースを還元できるようにアウトプットを目指します〟

強い決意を表明する山本の投稿には、「O-Den」やONE JAPANの仲間をはじめとするビジネスパーソンのコメントが並ぶ。

〝山本さんの背中を追いかけて、僕も自分の会社で頑張ります〟

かつて、山本が濱松に感化されて会社に残り「変える」ことを選んだように、若手でも会社を動かすことができると実践してみせた山本の姿に自身を重ねた、熱のこもったコメントも多くある。

まずはつながること。会社を楽しくすること。そして、その関係性をビジネスにもつなげていくこと。濱松に倣《なら》い、急速でそのPDCAを回した山本は、「若手でも大企業を変えるための一歩を踏み出せる」ことを証明してみせた。

山本は「もちろん、ここからが正念場です。必ず成果を出さなければ」と前置きしながらも、こう言い切った。

「NTTのような、歴史も古く堅い印象のある大企業が変われば、日本が変わることにつながると感じます。だからこそ、この会社で頑張りたい」

山本が入社したのは2010年。ちょうどiPhoneが普及し、通信がどんどん面白くなると思える時代だった。そんな時代に国内最大の通信インフラを持つＮＴＴで何か新しいことを起こせたら……。それは世の中が変わる瞬間になるかもしれない。

入社した時、確かに山本はこれから始まる未来にワクワクしていた。

一度はそのワクワクを見失った山本が、仲間とつながりを持ち、その活動を上司や役員に認められていったことで、入社時の夢に一歩近づこうとしている。

「ＮＴＴが変われば、きっと社会が変わる」

今、山本は入社した時と同じように、そのことを心から信じている。

BEST PRACTICE

会社は「辞める」か「染まる」か「変える」か。
ただ、「変える」を選んだ時の
その一歩目は、小さな一歩でいい

愚痴るのではなく、「企む」ことからはじめてみよう

富士ゼロックス 大川陽介

第1章 社内でつながる

「仕事」「家庭」「スキー」という3つの軸

上司から渡される仕事が「やらされ仕事」だと感じる時。

会社の評価制度に納得がいかない時。

あなただったら、どうするだろうか。

ONE JAPAN発起人の一人、富士ゼロックスの大川陽介は、「学ぶ」ことを選んだ。そして学んだ結果、経済原理に照らし合わせると「上司は決して悪くなかった」と気づいてしまう。


今から6年前。大川が31歳の時のことだ。

だとしたら、自分は組織の中でどうする？　どう動く？

大川は、少しでも「自分が楽しいと思える時間を増やす」活動を始めた。


大川が生まれた1980年は「松坂世代」と呼ばれ、世間では「失われた世代」とも言われる。高校卒業目前で山一證券が破綻。就職難を超えて入社した会社で

おおかわ・ようすけ●ONE JAPAN共同発起人。中小企業診断士。1980年千葉県生まれ。早稲田大学大学院理工学研究科機械工学専攻を修了。2005年富士ゼロックス入社。SE、営業、商品開発本部などを経て、現在人事部。12年4月社内有志ゆるネットワーク「秘密結社わるだ組」を立ち上げ。

経験するリーマンショックによる大不況。経済成長を一度も経験していない世代だ。

だからというわけではないが、大川は、仕事に対してこれといった強い志を持っていなかった。

大学時代にスキーの魅力にとりつかれた大川は、スキーをするために就職を先延ばしにし、大学院に進学する。就職先は、毎週末スキーに行ける、休暇と収入が安定した会社を基準に選んだ。

スキーは生涯スポーツだ。「仕事」と「家庭」と「スキー」。この3つを偏ることなくいいバランスで回して、楽しい生活を送りたい。このことを大川は「三権分立」と呼び、就職活動でもスキーの話ばかりしていた。

3社もらった内定の中から富士ゼロックスを選んだのは、出会った社員の人柄が良かったこと、「知の創造と活用をすすめる環境の構築」という経営理念に共感したこと、そして、スキーを続けるのに支障がなさそうな条件面からだった。

松坂世代の社会人スタートは総じて辛《から》い。

「フィールドSE」という顧客と技術をつなぐ職種で入社した大川も、その例に漏れない。就職氷河期に採用を控えたため主力となる30前後の先輩は数少なく、配属された部署の主力機器は高額で、不況時の受注は至難だった。

営業が仕事を取ってこなければ、SEに仕事は回ってこない。普通であればモチベーションを失ってしまいそうな状況だが、大川はこの状況をプラスに考えることにした。ゼロからのスタートなら、失うものはないと考え、自分で企画を考え、営業に同行し、仕事をつくることを考え始めたのだ。

入社当時に仕事に対して強い思い入れがあったわけではないが、三権分立のひとつでもある「仕事」に使う時間は、人生の3分の1を占める。つまらないよりは、面白いに越したことはないと思ったのだ。

この新人時代に考え出したのが、担当プロダクトを活用した健診業界向けのソリューション。今でこそメジャーになったメタボ健診の結果とアドバイスを一人ひとりに合わせて出力する、バリアブル印刷の活用だった。

法律から戦略立案、マーケティングなど必要であろうことは独学し、営業マンと一緒に現場を駆けずり回った。プロトタイプを見せ、ユーザーと一緒に修正を重ねていった。「それはSEの仕事ではないだろう」と言われることもあったが、やらされ仕事ではなく、自分で考えたプランなので楽しかった。

相変わらず年に60回は雪山で滑る。生活の中心はスキーで回っていたが、仕事にも徐々にやりがいを感じるようになってきた。

上司は間違っていなかった

最初の転機が訪れたのは、入社4年目のこと。順調に軌道に乗っていた健診の仕事から手を引けと言われた時だ。当時の上司に「その仕事、もうお前じゃなくてもできるだろう」と言われた。

「その時は、今の会社でこの仕事を一生続けていくものだとばかり思っていたので、仕事を奪われたことがショックで……」と、大川。

しかし「次の企画を考えてみなさい」と言われ、再びゼロから企画を考え、プロジェクトを立ち上げることは、思いのほか楽しかった。健診の仕事で培った一連の経験が、他の企画でも通じることを知った。

会社のやり方に違和感を感じたのは、その企画が8カ月で打ち切りになった時だった。売り上げが上がらないプロジェクトは続けられないと宣告され、またも仕事を奪われた、と感じた。

会社の評価制度では仕事のプロセスも評価されるはずだったが、「結果が出ていないならプロセスも評価できない」と言われたことにも反発を覚えた。営業マンや客先は、大川の提案をとても喜んでくれていた。だから自分の仕事の方向性が間違っているとはどうしても思えなかった。人から与えられた仕事をただ遂行しているだけの人は評価され、チャレンジした人は評価されないことに疑問を感じた。それが、会社のルールなのか。

以降、大川は会社の評価を気にすることをやめたが、それにしても自分が何の武器も持っていないことに気づいた。

「新人の頃は『大人になれば、上から降りてくる戦略資料の意味が理解できるようになる』と漠然と思っていました。でも実際には、30歳を超えても、それらの資料の意味がよくわからなかった。よくわからないままに上司に文句を言っても聞いてもらえない。意見をするためには、自分も経営を学んだ方がいい」

そう考えた大川は、中小企業診断士の資格を取ろうと考えた。中小企業診断士の資格は1000時間の勉強が必要だといわれている。大川は終業後と週末をこの勉強にあてた。毎週末TACに通うために、スキーからは足が遠のいた。でも、今自分に必要なのはこれなのだという想いがあった。これまでやってきた仕事の振り返りにもなり、「あの時こう考えればよかったのか」という気づきが多かった。これから何か仕掛ける時は、この考え方を使ってやってみようという妄想が膨らんだ。好奇心が学習をエンタメにし、大川は、合格率4パーセントの試験を、1年で突破する。

そして、その資格試験のための勉強を経てわかったのは「経済合理性に照らし合わせると、上司は間違っていなかった」という衝撃の事実だった。

社長にならないと会社は変えられないのか？

上司と闘うための武器を手に入れるために学んだ大川だったが、むしろ上司に食ってかかった自分の方が、経済原理や経営についてわかっていなかったということにも気づいた。

・会社がなぜ機能で縦割りに分けられているのか
・なぜ短期で利益があがらない企画が切り捨てられるのか
・人事評価制度はどうあるべきか

勉強をしたからこそ、なぜ自分たちの会社が今の仕組みで回っているのか、その合理性もよく理解できた。「全然意味がわからない」と腐《くさ》していた中間管理職の発言も、今となっては「意味がわかる」ようになった。

とはいえ、現在の経済最優先の仕組みがベストだとは思えないのも事実だった。今とは違った方法で、一人ひとりがもっと楽しく仕事できる仕組みがつくれるのではないかと思ったからだ。では、この仕組みを変えようと思うなら、社長になるしかないのか？　そう考えると、自分のような若手が打てる手はひとつもないように思える。

大川は、このまま会社で働き続けることに、うっすらとした絶望感のようなものを感じた。

悶々としている時に出会ったのが、リクルートから転職し、現在は富士ゼロックスで次世代リーダー育成プログラムの企画推進を率いる三木祐史氏だった。

転職してきたばかりの三木は、営業部内で若手向けの社内勉強会を行っていた。それまでそういった社内の勉強会に一度も参加したことがなかった大川は三木に、「どうして勉強会をするのか」と尋ねた。

三木は「勉強会の目的は勉強することじゃない。目的は同世代同士のつながりをつくることだ」と答えた。

「三木さんは『若い時にこのつながりをつくっておくことで、自分たちがリーダーになった時の仕事のスピードが速くなる。このつながりが、将来会社を変える力になる』と言いました。その時、思ったんですよね。20年、30年後に社長になって会社を変えることを目指すのではなく、強くつながった仲間たちと10年後に会社を動かすことを目指そうって」

ボトムアップで会社を動かす。会社に一石を投じる。

そう思ってからの大川の行動は早かった。翌週には有志団体の基本構想をまとめ、信頼する先輩に声をかけた。

「先輩、ちょっとわるだくみしませんか?」

この時、大川が「わるだくみ」と言ったのは、「業務外で何か面白いことをやりましょうよ」というニュアンスだったそうだ。後に、この「わるだくみ」はそのままこの有志団体の名前になる。

2012年春、大川が32歳の時だった。

ゆるく、楽しく、わるだくみ

ONE JAPANには様々な企業の有志団体が参加している。その中でも突出してイベントの開催数が多く、かつ、そのつながりの「ゆるさ」を強調しているのが、この時大川がつくった「秘密結社わるだ組」(以下、わるだ組)だ。大川はこの団体の組長代理を務める。

「組長代理」と言ったのは、この秘密結社のボスは「わるだっくま」と名づけられた個人の心の中に存在する好奇心の化身で、最高意思決定者はこのクマであるという設定になっているからだ。

この仮想ボスの存在が顕著であるように、「わるだ組」はコアメンバーが仲間を引っ張っていくタイプの団体ではなく、参加する人たちの自由意志を大事にした「有志ゆるネットワーク」を自称する。

「楽しくやろう」が合言葉で、誰かが楽しそうだからやりたいと言ったことに「いいね！」が集まったら開催するといった、カジュアルな集いを続けている。

結成時にあったコアメンバーの定例会もなくなり、現在は大川ですら「自分も把握しきれないくらい、いろんな場所で人が集まって何かをしている」と話す。

CSRについて考える人たちもいれば、営業VS開発が本音で殴り合うファイトクラブを企画したりもした。社内の役員や海外組の話を聞こうというイベントもあれば、社外の有志団体とバーベキューをすることもある。社員にはバーベキューのエキスパートや有名ラーメン店の元店長もいる。食品会社とのコラボで生まれた「蛇口からカレー」は、メディアの取材も受けた。

来るもの拒まず、去る者追わず。気づけば、開催イベントは150回を超え、社内外を巻き込んだ、のべ動員数は3000人を上回る。

大川が「楽しさとゆるさ」を最優先したのには、理由がある。

「仕事では常に『責任、コミット、効果』を求められます。これとあえて反対の立ち位置を取りたいと考えたのです。『楽しさ』は行動の源泉。『ゆるさ』は何にでもチャレンジして良い心理的安全性を担保します。楽しさとゆるさを軸にしたことで、出会える人も多様化したし、個人の中に存在する多様性も引き出しやすくなったと感じます」

「わるだ組」の目的は「楽しい」を共有して信頼関係のある「人のつながり」をつくること。

しかし、そういったゆるい活動を揶揄《やゆ》する人がいるのも事実だ。

「会社の中で人が集まっていると、必ず『目的は？』『つながりをつくってどうするの？』『アウトプットは何？』と聞かれます。そう言われるたびに僕はずっと『いや、このつながり自体が目的なので』と答え続けてきました」

もちろん、このつながりの先には、信頼できる仲間たちと10年後に会社を動かしたいという本音がある。その未来を共有している仲間も多い。しかし最初からそれをゴールにしてしまうと、集まる人は限られてしまう。楽しさをモチベーションに集まってきた仲間たちと、結果的に何かを生み出すことができればいい。

大川はその順番にこだわってきた。

働く人の「面白さ」を後回しにするな

人との信頼できる関係があって初めて、その後のアクションにつながる。大川がこの循環を信じることができているのには、2つの理由がある。

ひとつは、マサチューセッツ工科大学（MIT）の教授、ダニエル・キムが提唱する「組織の成功循環モデル」だ。

ダニエル・キムは組織のマネジメントを、

①関係の質を高める
②思考の質を高める
③行動の質を高める
④結果の質を高める

の順番で進めるのがグッドサイクルであると述べている。

互いに信頼し尊重する関係が生まれれば（関係の質）、気づきが共有され（思考の質）、自発的にチャレンジするようになり（行動の質）、成果が出ると（結果の質）、さらに信頼関係が高まり（関係の質）、もっと良いアイデアが生まれる（思考の質）といった好循環が生まれるというものだ。

逆にバッドサイクルは、「結果の質」を求めることからスタートすることだとされている。

成果や業績が挙がらない（結果の質）からといって、命令や指示が増える（関係の質）と、創造的思考がなくなり受け身になり（思考の質）、自発的に行動しなくなり（行動の質）、さらに成果が挙がらず（結果の質）、関係がより悪化する（関係の質）という悪循環に陥る。

大川自身が業務でバッドサイクルを実感した経験を持つ。だからこそ「わるだ組」では「関係性の質」を良くすることを第一にしたいと思ったのだ。

もうひとつは、富士ゼロックスの名経営者、小林陽太郎が残した「よい会社構想」にある「つよい、やさしい、おもしろい」の言葉である。

「富士ゼロックスには、陽太郎さんのこの言葉に強く共感して入社したという人が多い。僕自身も、その一人です」

ただ、この言葉の本質を理解する上で重要なのは、やはり順番なのだと大川は言う。

「働いている人がおもしろいと思える会社じゃないと会社はつよくならないし、つよい会社じゃないと社会に対してやさしくなれないというのが、オリジナルのストーリー。けれども、僕らが入社した時代はリーマンショックがあって、その不況から立ち直るまでに『つよい』に集中してしまった。だから僕らが若い頃の会社は働く人の『おもしろさ』を後回しにしがちだったんです。僕はそれが嫌だった。僕らはこの言葉に惹かれて入ってきたんだから、会社に頼らず、それを実践していきたいと思ったんです」

ユーザーの声をカタチにする共創プロジェクト

ＯＮＥ ＪＡＰＡＮに参加する有志団体イチといっていいほど「ゆるさと楽しさ」

を強調する「わるだ組」であるが、結果的に多くのアウトプットや協業を創出していることを考えると、ダニエル・キムのいう成功循環モデルがグッドサイクルで回っている集団だといえる。

例えば「わるだ組」のメンバーが中心となり、富士ゼロックスが主催し、横浜市と取り組んできた「横浜ガジェット祭り」がある。このお祭りは、

２０１５年…20テーマ、来場者４００人
２０１６年…40テーマ、来場者１１００人
２０１７年…90テーマ、来場者２７００人

と、年々規模を拡大し、横浜の秋の名物となっている。

昨年は、競合企業を前に富士ゼロックスの顔ともいえるコピー機を分解するショー「コピざんまい」を行い、参加者も一体となりおおいに盛り上がった。

大川が所属していた商品開発本部では、生活者のアイデアを広く募ってオープンイノベーションを起こそうという試みも実現した。

これも「わるだ組」のメンバーから発信されたアイデアや運営への協力があっ

てこその成功だった。

この試みでは、審査過程も全てオープンにする共創プラットフォームサービス「ｗｅｍａｋｅ（ウィーメイク）」を活用し、アイデアを応募するだけでなく、アイデアを見た人たちは改良点を自由に発言し合えるようにした。社内外関係なく、ただアイデアを磨くことに集中する。この画期的な手法を経て最優秀賞に決まったのは、小型ロボットの「ＲＯＸ」。会議の空気を読み、ファシリテーションによってコミュニケーションを促す役割を担う、愛嬌のあるロボットだ。

受注発注や、要件定義からスタートする事業では、このような企画はなかなか生まれない。ユーザーの自由な発想をもとに、社内外の様々なバックグラウンドを持つ人たちが意見をして行われた共創。「これこそ真のオープンイノベーションである」との、評価を得た。

後に詳述するが、ＯＮＥ ＪＡＰＡＮがスタートして最も早く社外協業がスタートし、アウトプットの成果（ＳＨＩＲＯ-ＭＡＲＵ １３６ページ）を出したのも、やはり富士ゼロックスだった。楽しく、ゆるくつながることが信条の「わるだ組」で構築された信頼関係が、今、次々と花開こうとしている。

10年後に共に会社を変える仲間と出会いたい。そう考えてスタートした「わるだ組」は、今年で6年目になる。

「ワル自慢」する素敵な先輩たち

大川にとって予想外だったのは、「若手の秘密結社」として始動した「わるだ組」に、続々と中堅・ベテラン層がジョインしてきたこと。

「『お前たちはまだまだいい子ちゃんだよ。俺たちの方が、もっと悪かったぜ』と、ワル自慢するおじさんたちが現れたんです。その人たちが本当に最高に素敵な人たちで。人脈のない若手に人を紹介してくれたり、予算の取り方をアドバイスしてくれたり……」

先に挙げたイベントや共創プロジェクトが可能だったのも、そういった〝悪い〟先輩たちの力添えがあってこそだった。彼らは時々飲み会やイベントに顔を出しては、気さくに声をかけていってくれる。

それまでは「会社がつまらない」「ろくな上司がいない」と愚痴ばかり言っていたメンバーも、社内を見わたせば、素晴らしい先輩がたくさんいるということを知ったと言う。

そんな「悪いおじさんたち」を通して紹介してもらった会社の役員にも「わるだ組」のイベントで登壇してもらった。

ある若手は、彼らが普通に陽気なおじさんだということに驚いたと言った。それまで顔を見たこともなかった雲の上の存在の役員たちが、若い頃のいろんな失敗談を話してくれるのを聞いて初めて、「あ、彼らも人間なんだ！」と気づいたそうだ。

「わるだ組」の初期メンバーの一人である鈴木達文は、クラウドサービスの企画を立ち上げ、直接役員や関係各者に提案を続けた。その企画は今、社の主力ビジネスに育とうとしている。彼は「わるだ組」での役員との交流を通して、「役員だって、同じ人間。まっすぐに想いをぶつければ、きっと伝わる」と考えるようになったそうだ。

大川は言う。

「30歳になった頃、酒の席の話題といえばみな、上司や会社の愚痴ばかりだった。

それが最近は完全に変わったんですよね。会社をこんなふうに変えたい、こんな事業をしてみたいって、今は、そんな話ばかりです。いつか『わるだ組』が必要なくなるくらい、みなが自然に集まりつながれるようになるといいなと思っています。その時には『昔、わるだ組って幻の秘密結社があってだな……』と酒の肴にされる伝説になりたいですね」

BEST PRACTICE

働く人が面白いと思えれば、会社は強く、優しくなれる。楽しくやろうぜ！

ONE JAPANの心得 ❶ 組織の成功循環モデル

「結果」よりも「関係」を重視する組織の方が成果は出やすい

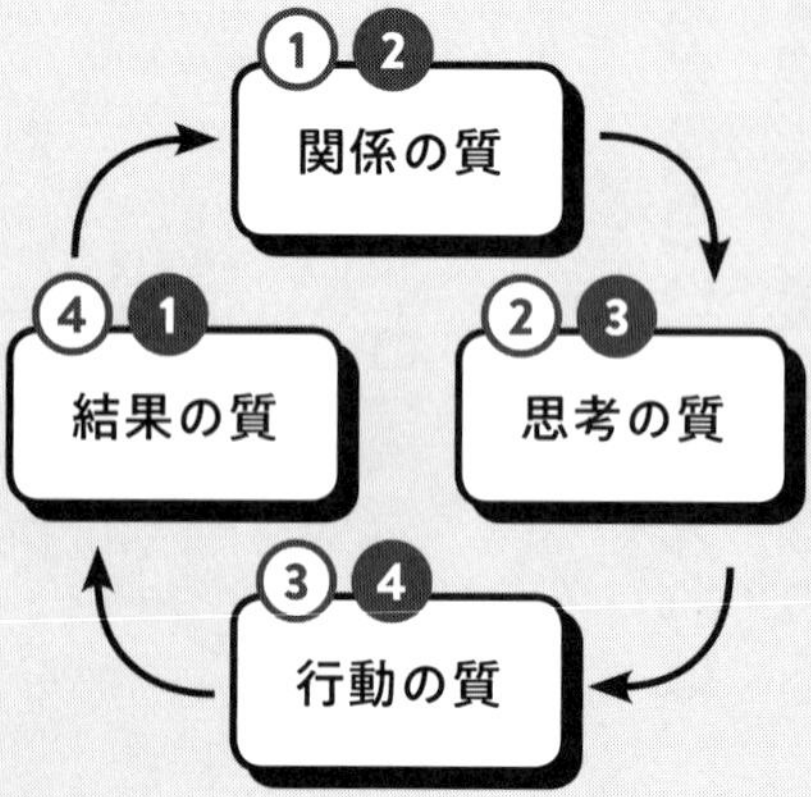

※マサチューセッツ工科大学 ダニエル・キム教授提唱の理論をもとに作成

グッドサイクル

① お互いに尊重し、一緒に考える（関係の質）
② 気づきがある、面白い（思考の質）
③ 自分で考え、自発的に行動する（行動の質）
④ 成果が得られる（結果の質）
⑤ 信頼関係が高まる（関係の質）

バッドサイクル

❶ 成果が挙がらない（結果の質）
❷ 対立し、押し付け、命令する（関係の質）
❸ 面白くない、受け身で聞くだけ（思考の質）
❹ 自発的・積極的に行動しない（行動の質）
❺ 関係が悪化する（関係の質）

米マサチューセッツ工科大学のダニエル・キム教授が提唱した「組織の成功循環モデル」では、組織の成果を挙げるためには、組織に所属するメンバーのコミュニケーションがいかに大事であるかがわかる。

グッドサイクルは、「関係の質」を高めてメンバー同士でコミュニケーションを取ることからスタートする。一方で、バッドサイクルは、結果を求めて、「結果の質」を向上させようとすることを目指す。しかし、「結果の質」を求めることで所属メンバー同士の関係がギスギスして、結果が出づらくなってしまうという負のループに陥りやすい。

業務外で有志メンバーが集まるＯＮＥ ＪＡＰＡＮのような組織では、まずつながりをつくるという「関係の質」の向上からスタートすることが多く、成果（アウトプット）が出るという好循環が生まれやすい。

第2章
会社を巻き込む

組織はリソースの宝庫。
縦横斜めのつながりを活かし
会社を上手く巻き込むことができれば
やりたいことが実現できるようになる。

一番のリソースもチャンスも実は社内にあった

ベネッセコーポレーション　佐藤徳紀

第2章　会社を巻き込む

大本命のベネッセ入社。ところが……

「今の30代は、震災前後で社会との関わり方に対する価値観ががらっと変わった世代だと思う」

そう話してくれたのは、ベネッセコーポレーションの教育総合研究所で働く佐藤徳紀。あの日を境に「自分たちの住む世界は自分たちで何とかしなくてはならない」という気持ちが生まれたというのだ。

自身は福島県浜通りの出身。父親は東京電力第一原子力発電所で働いていた。小学校時代に父の会社を職場体験で訪ねた時、「原発出ていけ」の立て看板が並ぶ道を通って発電所までたどり着いたことが脳裏に焼きついている。「どうして東京のための電力をつくっているのに、批判されなくてはならないのだろう」と、幼い頃から疑問を感じていた。

父と同じ東京電力に進むつもりで、山形大学の工学部で電気電子工学を学ぶ。最初は専門知識を身につけたいと思っていたが、原子力発電のような問題を考え

さとう・とくのり●1983年福島県生まれ。山形大学大学院理工学研究科修了。博士(工学)。2012年ベネッセコーポレーション入社。中学生向けの学習教材編集部を経て、現在ベネッセ教育総合研究所 情報企画室 研究員。15年9月社内有志団体「One Benesse」を立ち上げ。17年社内で若手育成を目的とした企業内アカデミア「Bennesse University」を提案し、スタート。16年9月よりONE JAPANに参加。

建設的に協議するためには、理系教育が重要だと思うようになった。研究室では、義務教育における理科離れや科学技術離れの原因の追求と、その改善策の模索をテーマとした。

東北が揺れたのは、佐藤がドクター1年生の時だ。たった一日で山形県米沢市の人口は数千人増えた。太平洋側から日本海側に避難し、そのまま引っ越しをする人が次々と県境を越えてきた。

佐藤はすぐさまボランティア団体を立ち上げた。交通機能が麻痺して引っ越しに困っていた大学の卒業生から家具を引き取り、それを移住してくる人たちに譲るエコシステムをつくって、約200世帯1000人以上を支援した。

半年はボランティアに明け暮れて研究どころではなかったが、大学側もそれを了承してくれた。というよりむしろ、大学の職員はとても協力的で、工学部体育館を避難物資提供の場として貸し出してくれた。OB・OG会も佐藤らの活動をバックアップしてくれた。

この経験を通じて佐藤は、「行動を起こせば世の中が変わる。やりたいことを発信していくと協力者が集まる」ことを肌で実感したと言う。

就職活動の時、佐藤はその候補から電力会社を外した。自身が続けてきた科学教育分野の研究が面白くなってきたからだ。社会の課題、それは例えば原子力発電をどうすべきかについて、科学の立場からもちゃんと議論できる土壌をつくる。そのためにも、日本の教育現場を変えていきたい。それが実現できる仕事に就きたいと考えるようになった。

ベネッセコーポレーションを選んだのは、ひとつは社員が被災地にメッセージを送っているというエピソードに惹かれたから。そしてもうひとつは、院での研究を経て「学生の科学リテラシーを高めるためには、学校の先生への支援が不可欠である」と確信したからだ。研究を通じてそのサポートをしたいと考えると、ベネッセ以外の会社は思い当たらなかった。

外に出て初めてわかった中のこと

しかし、入社早々、佐藤が配属された先は、研究所ではなく、中学生向けの商品開発部署。高校受験をする学生向けの教材を編集する仕事だった。

この配属によって、佐藤の仕事へのモチベーションは急速に下がってしまう。

辞めたいという気持ちも頭をもたげたが、自分を採用してくれた信頼する人事担当者と「異動の希望が叶うまで5年は頑張ろう」と約束していたことで、なんとか思いとどまった。

それでも、2年目には気持ちは外に向いていた。外部のセミナーやワークショップに出かけては、業務で満たされない向上心や好奇心の行き所を探していた。今思えば、転職準備という気持ちもあったかもしれない。追い打ちをかけたのが個人情報漏洩の事件だった。当時、やっとの思いでつかんだ新規事業の業務で立ち上げたサービスもリリース1カ月でストップ。尊敬する先輩が辞めていく姿を見送った。このまま5年を待つか。それとも……。

この時期に佐藤が出会ったのが、パナソニックの濱松誠だった。

奇しくも、佐藤が濱松に出会ったイベントは、NTT東日本の山本将裕（22ページ）が濱松の登壇後に感動して社内の有志団体「O-Den」の企画書を一気に書き上げた、あの「しんびじ」のイベントだった。話は前後するが、このイベントでは、後にONE JAPAN参加企業のひとつとなるJR東日本の村上悠

(76ページ)が登壇していたし、客席にはのちに共同発起人になる富士ゼロックスの大川陽介(42ページ)が座っていた。

佐藤も濱松の行動力に度肝を抜かれた一人だ。30代の若手が会社にいながらにして、こんなにも会社や周りの人に影響力を与えることができるのか……。

濱松の口から出る「組織の縦割り化」「意思決定の遅さ」「新規ビジネスをつくる難しさ」などの課題は、佐藤が感じているものと全く同じだった。感動して登壇後の濱松に名刺交換を求めたら、「One Panasonic」の公開イベントを観に来ないかと誘われる。開催場所は大阪だったが、佐藤は自腹で大阪に飛んだ。「One Panasonic」のイベントには、パナソニックの社員をはじめ、関西の他企業からも若手が集まっていた。

大阪から戻った佐藤は、自社での有志団体の立ち上げを志す。相談のために濱松に連絡を取ったところ、驚くべきことがわかった。今度ベネッセの人事の人と濱松が会うことになっているというのだ。それだけではない。熱心に社外活動に参加しているベネッセのメンバーをほかにも2人、教えてもらった。

「今のままじゃつまらない。何かしたい」と思っているのは、自分だけじゃなかったということを、社外の濱松に教えてもらって初めて知った佐藤。もし、社内に仲間がつくれるのであれば、うちの会社ほど教育関係でリソースの揃った会社はない。この瞬間、自分の中でスイッチが切り替わった。

社内にいる「会いたい人」の巻き込み方

2015年9月、「One Benesse（ワンベネッセ）」を立ち上げたメンバーは、新規事業開発の牛口洋介、人財の後藤照典、経営戦略の並木侑也、佐藤の4人。部署も入社年次もばらばらの4人だった。

4人は「One Benesse」の柱を、①「つながる」を目的とした「交流会」、②「学ぶ」を目的とした「勉強会」、③「とがる」を目的とした「分科会」の3本にした。最初は4人の発起人が口コミで同期や後輩に声をかけて交流会をスタートさせた。

「One Benesse」をスタートしてすぐに気づいたのは、自分と同じ目的意識を持った人、実際に行動している人がいるのに、それが顕在化していないという事実だった。また、自分が知りたい情報を持っている人が、意外と社内にいたことにも、この活動を始めてから気づいた。では、どうすれば、そのような人たちがお互い知り合えるようになるのか。そのためのアイデアが企画となる。

例えば、メンバーの峰松大介が企画したのが、海外の先端教育を学ぶ会だ。峰松は、高校時代に数学研究部に所属し、卒業後は学生のコーチを務めていた。当時の高校の数学の先生に、「東南アジアの高校の先生たちに向けた、アクティブラーニングのワークショップ講師を一緒に務めてみないか」と声をかけてもらい、プライベートでマレーシアに飛んだことがある。

海外の教育に触れて得る学びは多かった。そこで、その事例を社員に共有しようと考えメンバーに伝えたところ、社内には仕事でアメリカの最新ＩＣＴ教育の事例収集を行っている人や、ＮＰＯを通してタンザニアの教育に携わったことがある人もいることがわかった。

プライベートで行っているＮＰＯ活動や、ボランティア活動は、社内で可視化されることがほとんどないが、それらの活動で得た知見を社内に共有するだけでも、面白い化学反応が生まれることもある。その人が所属する部署では本業にならなくても、別の部署ではその人の知見を本業に活かせることもある。

「One Benesse」の活動は、徐々にそのきっかけを創出するプラットフォームとして機能するようになってきた。

「『One Benesse』の活動を通して、『会社で見えている姿は、その人の20〜30パーセント程度にすぎない』と感じることが増えました」

と佐藤は言う。先輩でも後輩でも、みんなバックグラウンドが違う。バックグラウンドが違えば、たとえ業務経験が少ない新入社員からも学ぶことがあると気づいたのだ。

今では興味が同じメンバー同士による分科会も立ち上がり、商品開発の支援部門との連携による「プログラミング教育を推進するための勉強会」、現役幹部も参加する「新入社員のメンタリング企画」や「ベネッセを卒業した先輩社員とのアルムナイ交流会」などがスタートしている。どの企画も、関連する部署や役職者を巻き込むことを心がけている。

経営層との交流会も積極的に行っている。ベネッセホールディングス社長や副会長、本部長との交流会など、若い世代にとって、経営層に直接質問をする機会を得られることはそうそうあることではない。参加した社員のその後の仕事のモチベーションにもつながる。

自分たちが働きたかった会社とは？

昨年、ホールディングスの安達社長から「『新たな事業（教育や介護以外）』や『組織・人・風土などの改革』を主なターゲットとして、ベネッセとして将来目指すべきナンバーワン領域をチームで考え、経営層に提案してください」という発信があった。これが、ベネッセグループ社員に公募された「明日のベネッセを創るプロジェクト」である。

「One Benesse」では、過去に安達社長との交流会を企画し、若手中堅社員の想いを直接伝えたことがある。今度は公式な場で、提案の機会を持てる。張り切った「One Benesse」のメンバーのうち7人がチームをつくり、若手育成を目的とした企業内アカデミア「Benesse University」を提案した。未来のリーダー人材の発掘・育成を目的とした「ソフトバンクアカデミア」や「ヤフーアカデミア」を参考にし、4カ年計画で、若手がチャレンジできる組織風土にするためのプラットフォームをつくることと、人事評価制度の整備を盛り込んだものだった。

この提案がなんと優秀賞のひとつに選ばれた。そして安達社長を担当役員としたプロジェクトとして、2022年までの中期経営計画の発表資料に記載された。

現在は、佐藤と立ち上げメンバーの一人である並木侑也が、グループ人財部の兼務となり、新しい人財育成の試みに取り組んでいる。

「机上の提案ではなく、いざ本業としてプロジェクト化するとなると、苦労も多々あります。まずはこの企画の背景をプロジェクトメンバー社員に理解してもらうだけでも時間がかかりました。けれども、これほどやりがいのある仕事もない」

この7月、20人の若手や中堅社員を対象とした「Ｂｅｎｅｓｓｅ Ｕｎｉｖｅｒｓｉｔｙ」のテストケースがスタートした。

佐藤は、このように語っている。

「仲間と一緒にプランニングをしたことが、こういった人事施策の実現に結びついたことに喜びを感じます。一度は辞めようかとまで思った会社に、こんなに魅力的な仲間がいるのかと気づくこともできました。でも、自分のこと以上に嬉しいのは、『Ｏｎｅ Ｂｅｎｅｓｓｅ』に参加してくれる仲間たちのモチベーションが上がっていること。そして同時に、彼らの会社での評価も上がっていること。先日も、あるメンバーについてその上長が『人が変わったくらいに生き生きと働くようになった』と伝えてくれ、それが何よりも幸せに感じました」

「One Benesse」からスタートした「Benesse University」構想。これは、提案をカタチにすることができた事例のひとつに過ぎない。ベネッセでは一人ひとりが想いや志を大切にして起こした、小さなアクションがきっかけで、様々な人が出会い、変化が起きている。少しずつ、自分たちが働きたかった会社に近づいている実感を、メンバーたちは感じている。

BEST PRACTICE

隣の芝はそれほど青くない。自社のリソースを見つめ直し、どう使い倒すかを考えよう

会社にルールはない。どんな部署にいてもやりたいことは実現できる

JR東日本 村上 悠

遊ぶように働き、働くように遊ぶ

「新規事業開発の部署にいなくても、企画提案や事業創造を募る仕組みが社内になくても関係ない。社員一人ひとりが志と情熱を持って仕事をつくることを当たり前にしてしまえばいい。そっちの方が働くことが楽しくなるし、絶対にいいですよね」

ＪＲ東日本の村上悠は言う。

これだけを聞けば、理想論のように思われるかもしれないが、村上が立ち上げた「チーム・ファンタジスタ（以下、ファンタジスタ）」のメンバーの活躍を見ていると、この村上の発言がただの理想論ではなく、既に現実のものとなっていることに驚く。

ＯＮＥ ＪＡＰＡＮに参加する企業50社の中でも、「ファンタジスタ」のメンバーが実現させてきたプロジェクトは圧倒的な数だ。村上自身が「説明しきれない」と言うほど、様々な部署に散らばるチームメンバーが続々と新しいアイデアを提案し、テストケースを走らせたり、事業化を成功させたりしている。

むらかみ・ゆう●1981年神奈川県生まれ。法政大学大学院工学研究科建設工学専攻修了。2005年JR東日本入社。生活サービス事業に従事。14年３月「チーム・ファンタジスタ」結成。16年９月よりONE JAPANに参加。18年JR東日本グループの社内ベンチャー制度を立ち上げ。

「ファンタジスタ」のモットーは、「遊ぶように働き、働くように遊ぶが、当たり前になる社会をつくること」。それぞれのプロジェクトの報告レポートを見せてもらうと、どの写真にもメンバーの満面の笑みが映る。

ＪＲ東日本、その前身は国鉄。堅いイメージの企業で、なぜ「ファンタジスタ」の若手メンバーたちは、「遊ぶように働き、働くように遊ぶ」を実現できているのか。

サラリーマンって、つまらないのかな？

「ファンタジスタ」の構想は、村上の学生時代に遡る。

村上は、法政大学の工学部建築学科の出身。ゼミは、ＮＨＫ「ブラタモリ」への出演などでもおなじみ、イタリア建築史家である陣内秀信教授の研究室だった。

都市の歴史を紐解くアプローチで知られる陣内教授の講義は法政大学名物で、教授も楽しそうに講義しているし、受講する学生たちにとっても刺激の多い時間だった。研究室には、教授の研究や人柄に惚れ込んだ他大学の教授や学生たちが自由に出入りして、そこでは大学の垣根を超え、様々な企業や自治体、ＮＰＯなどとのプロジェクトが進んでいて、いつも笑いが絶えなかった。
陣内教授の仕事の進め方を見て過ごした村上は「遊ぶことと働くことを分ける必要はない」ということを学んだ。そして自身も「遊ぶように働き、働くように遊び、自分らしく社会に価値を提供したい」と考えるようになる。

以前は「サラリーマンって、つまらないのかな」と漠然と思っていたが、いろんな社会人と出会って話を聞くうちに、会社勤めでも自分のやりたいことを実現している人がいることを知る。陣内教授のように、自分が面白いことをやろうとさえすれば、周りのみんなもどんどん面白いことをしようとするのではないか。村上はそう考えた。

JR東日本への就職を選んだ理由は、学生時代のアルバイトにあった。村上のバイト先は都市計画をプランニングする事務所だったが、どんなに画期的なアイデアをプレゼンしても、最終的な意思決定権を持っているのはデベロッパーや自治体だ。意思決定をする側に、都市の歴史や未来を考えて判断する人間がいなければ、せっかく良いプランが生まれても実を結ばない。そう考えた村上は、JR

東日本の不動産開発部門に就職を希望した。面接では「JR東日本のリソースを活かして、社会に価値を提供したい」と話した。

一人なのに「チーム・ファンタジスタ」

入社1年目の出向先は、JR東日本リテールネット。駅構内にある店舗を開発・運営する会社だった。今でこそユニクロや無印良品の出店が当たり前になったが、村上が入社した当時は、キオスクやコンビニがメイン事業だった。

この1年目に、村上はある事業計画書を出す。

当時、キオスクは事業が縮小している状態だった。このJR東日本のリソースであるキオスクを使って、環境問題に取り組めないかと思ったのだ。「エコの心をすくすく育てる「ｅｃｏｓｋ（エコスク）」とネーミングした実験的店舗の導入を提案した。

村上の提案は社内で好意的に受け止められ、プランは副社長プレゼンまで進んだ。しかし、最終的にこのプランは実現には至らなかった。ビジョンは描けたが何から手をつけるべきかのファーストアクションが見えずに、お蔵入りとなったのだ。この時の反省が、のちの「ファンタジスタ」チームが共有する企画構築メソッドの作成につながっていく。

村上は、この企画を提案した時から、企画書の提案者に「ｔｅａｍ Ｆａｎｔａｓｙ-ｓｔａ.」と入れて、自分で作ったロゴまで入れていた。

「ファンタジスタは、ファンタジーとステーションを掛け合わせて作った造語です。社員の様々なアイデア（ファンタジー）を会社のリソース（ステーションなど）を生かして実現したいという想いを込めました。一人なのに、チームファンタジスタって、どう考えてもちょっとおかしいですよね。でも自分だけじゃなくて、将来的には志と情熱を持ったいろんなメンバーと一緒に仕事をつくっていきたいという未来像があったんです」

この時、村上の頭に浮かんでいたのは、陣内教授の研究室だった。教授の元に集まってきた人たちのように「遊ぶように働き、働くように遊ぶ」ことを、自分の会社でも当たり前にしていきたい。今は一人だけれども、いつかチームでこれを実現したいと考えていた。

出し続けて通った企画は〝半分〟成功

その後も村上は、ことあるごとに会社に企画書を出した。JR東日本では、入社から3年間毎年研修があり、参加者はそこでなんらかの報告をすることになっている。その場を使って、自分がやりたいことを伝え続けた。

一方で、社外の活動にも積極的に参加した。地域活性や防災などをテーマとするプロジェクトの立ち上げにも深く関わった。それらの経験で、村上は「自分は思った以上にやれる」という自信をつけていった。

JR東日本での仕事は、社内外のステークホルダーと進めることが多い。どうすれば、同じ目的に向かってプロジェクトを推進できるか。思考を重ね揉まれるうちに、自然とプロジェクトマネジメントの力がついていたようだ。外に出るほど、JR東日本のリソースの強さが身に染みたし、JR東日本の社員の優秀さにも気づいた。この会社にいるからこそできることはたくさんあると感じた。

村上が入社5年目に提案したのは、出向先の日本ホテルで担当したリノベーション案件。渋谷のホテルメッツをリニューアルするにあたって、社外やＮＰＯのエッセンスを取り入れることができないかというものだった。

具体的には、日本の森林再生に取り組んでいるＮＰＯと協業し、国産材の家具を提案したり、生の植栽をあしらった部屋をプランニングしたりした。

ホテルの内装に、ストリートアートを取り入れるアイデアも出した。ロビーや部屋の壁に直接描いてもらうのだ。高架下や駅構内に描かれるようなイリーガルなものとは異なる彼らのアートを正攻法で世の中に発信したかった。

ＮＰＯやアーティストにとって、ＪＲ東日本と仕事をしたという実績が、その後の活動の幅を少しでも広げることになればいい。そう願った。宿泊した人たちにも、普通のビジネスホテルに泊まるのでは得られない体験をしてもらいたいと思った。

「エコスク」の時の失敗を糧にし、村上はまず、ロビーと数室の客室で反応を見てもらうことにした。生の植栽を入れる部屋「グリーンボックス」を2室、グラフィティアートを施す部屋「アートボックス」を2室。実現可能なスモールスタートを目指したのだ。

村上のこの目論見は〝半分〟成功した。

今でこそコンセプトホテルやアートホテルは珍しくなくなったが、村上がこの提案を実現した2011年は、NPOとのコラボや、部屋にアートがあるなどの取り組み自体珍しいものだった。

一部のコアな人たちからは賞賛されたのだが、それ以降、グリーンボックスとアートボックスが増えることはなかったし、密かに狙っていた全国のホテルへの展開もできなかった。

村上は、この時の「半分成功」をこう振り返る。

「エコスクの時と違って、社外のつながりを会社に還元して実際に事業化できたところが前進した点。詰めが甘かったのは、PRの側面。それに加えて、どう評価されればホテル全室に、そして全国に広げることができるのか、次のステップを自分が提案しきれていなかったこと」

この時の経験も、後に「ファンタジスタ」の企画構築メソッドに活かされることとなる。

孤高のファンタジスタ、仲間を募る

いくつもの企画を提案して実現し、「一人ファンタジスタ」活動を続けていた村上だったが、2014年、ついに「ファンタジスタ」をチームにした。

「自分自身が企画した事業で成功と失敗を繰り返すうちに、だんだん『こういうステップを踏めばうまくいく』という方法論がわかってきた。それならば、やりたいことがある人たちとチームを組んで、もっと多くの人のアイデアやファンタジーを実現していくことができるのではないかと思うようになりました」

村上が最初に声をかけたのは、これまでのプロジェクトで仲間意識を持つことができた人。会社や社会に課題意識を持っていて、自分で何かを変えたいと思っている人たちだった。

仲間を増やすことは目的ではない。「チーム・ファンタジスタ」は、主体的に動ける個人が、プロジェクトベースで動くチームを目指した。JR東日本だけではなく、ジェイアール東日本都市開発やルミネといったグループ会社のメンバーも含めて、仲間の輪を広げた。

ファンタジスタメソッド・その1

「ファンタジスタ」の仲間たちが提案するプランには、実現にこぎつけたものも、事業化に向けた検討段階のものもある。若いメンバーが提案する企画にもかかわらず、高い確率で事業化が検討されているのは、村上が考えた「3つのメソッド」を、メンバー全員が実践しているからだ。

3つのメソッドのうち、最も重要かつ、一番忘れられがちなのが、「自分は何者なのか」を掘り起こす作業である。

企画なんて、アイデアがあれば成立するのではないかと考えてしまいそうだが、村上はこの掘り起こしの段階がないと、事業の成功は難しくなると言う。

「プロジェクトが成功するか否かを分けるのは、担当者がそのプロジェクトにどれだけ想いを込めることができるか、どれだけ汗をかけるかによります。だから、何をやるかよりもまず、そこにつながる本人の原体験や気づきを言語化することが大事なのです」

例えば学生時代にサッカー部で頑張りたいと言っていた子が部活を辞めて、バンドを始めた時。「根性がない」とか「何をやっても長続きしない」などと言う人がいる。でも、もしその子が本当に求めていることが「仲間と熱中できる何かをする」ことであれば、その初志はちゃんと完徹されているのだ。ここを見誤る人が多い。

「大切なのは本人の原体験まで遡って、「やりたいこと」を『なぜやりたいのか』を言語化すること。『どんな方法でやるのか』は、事業を進める上で変わってもいい」

「ファンタジスタ」では、一人ひとり、この「自分は何者なのか」のスタート地点をしっかり深掘りして共有する。

ファンタジスタメソッド・その2

次のステップは、「何をやるのか」をチェックすることだ。そして、この「やりたいこと」が、会社と社会の文脈に合っているのかどうかを確認する。

①個人がやりたいこと

②会社が求めていること
③社会が求めていること

この3つの円が重なり合った真ん中の領域であれば、実現の可能性が格段に上がる。メソッド1の個人の原体験は大切なのだが、会社と社会のことも観察しなくてはならない。

ファンタジスタメソッド・その3

そして、エコスクやホテルのグリーンボックス、アートボックスでの反省を活かしてつくった3つ目のメソッドが、ステップ図である。

メソッド1と2で言語化した「なぜやるのか」「何をやるのか」に対して、「どのようにやればいいのか」を、段階を追ってプランニングするのだ。

ビジョンは素晴らしいのになかなか事業化が進まない例でよくあるのが、ステップの1つ目に、自分でコントロールできないものを置いてしまうケース。例えば会社のルールを変えなくてはならないという場合は、その前にもっと細かいステップを用意して、実行可能なことからスタートするようにする。

逆にずっとステップ1ばかりを繰り返しているケースもある。その場合は、どういう未来をつくりたいのかに立ち戻る。そして、ステップ1を実行した結果、何が良くて何が悪かったたか、検証可能な次のステップは何かを問うようにする。

このステップ図を意識しながら企画を進めると、机上の空論で企画提案することがなくなる。

例えば旅行ツアーを提案するのであれば、自分たちで土日に行ってみるというステップを踏む。数人でもいいのでお客様を呼んで連れて行き、感想を聞く。そのリサーチ結果をプレゼンに加えるだけでも、事業化の可能性が高まるという。

ステップ図は完璧なものではない。階段を上った結果、やるべきことが変わるケースも多々ある。常にステップを見直しながら、企画をブラッシュアップする。

必要なのは「ファンタジー」を語る場所

これら3つのメソッドは、毎年春に行う「ファンタジスタ合宿」で時間をかけて身に染み込ませる。これができるようになると、ストーリーのある企画が提案できるようになる。「ファンタジスタ」メンバーはみな、優れたストーリーテラーへと成長していく。

この思考訓練とリサーチを経て事業化された「ファンタジスタ」メンバーのプロジェクトには、こんなものがある。

駅施設の新築、改良、メンテナンスを行う建築現場の社員が中心となり、「自分たちが使う駅をＤＩＹしよう」をコンセプトにした「根府川駅ペンキぬりぬり大作戦」。このプロジェクトでは、地元の人たちと一緒に駅の塗装を行った。子どもたちもたくさん参加し、「駅をよくしたい」と考える人たちが、積極的に駅に関われる環境づくりの第一歩だ。

「日常に音楽を。駅にピアノを」を合言葉にして駅前にピアノを設置した「ステーションピアノ！」プロジェクトは、支社の社員が、音楽が絶えない海外の駅前広場の空気感を日本でも実現したいと進めたプロジェクト。「期間限定、場所限定ではなく、広くいろんな地域でやってほしい」との声が集まり、現在は規模拡大のフェーズに入っている。

現在「ファンタジスタ」には、30人ほどのメンバーがいる。何ひとつ強制していないし、タスクも負わせていない。ふらっとやって来る人もいるし、気づいたらいなくなっている人もいる。「遊ぶように働き、働くように遊ぶ」を実現したい場だから、村上は自由に出入りすればいいと思っている。そして、その30人の周りには、100人くらいの応援団がいる。企画を動かす側ではなくても「何かあったら手伝うよ」とか「人を紹介するよ」と言ってくれる人たちだ。

「ファンタジスタ」が提案したプロジェクトが次々と結果を出すと、次第に会社の方からアプローチをされるようになっていった。

「こんな課題があるのだけれど、ファンタジスタで何かいいアイデアはないか」

「このプロジェクトで予算がこれくらいあるんだけれど、ファンタジスタで何か提案しないか」

など、いつの間にか「ファンタジスタ」は社内のよろず相談所のようになっていった。

いったんプロジェクトが軌道に乗れば、大企業のリソースほど強いものはない。まだ世の中に知られていないベンチャー企業やＮＰＯ団体などとのパートナーシップを組み、ＪＲ東日本のリソースを活かして社会に価値を生んでいく。これこそ、村上が大企業への就職を希望した時に目指していたひとつの姿だった。

その一方で、事業化の前に「自分たちがつくりたい未来を構想する場が少ない」ことが大企業の弱みだと、村上は考えている。

「だからこそ、その構想の部分、つまり『ファンタジー』を語る場所が、大企業には必要だと思うんです」

今年、村上はＪＲ東日本グループ全社員対象の社内ベンチャー制度を、仲間たちと立ち上げた。

村上が、入社してからずっとやりたいと考えていたこと――。

「社員一人ひとりが志と情熱を持って仕事をつくることを当たり前にしてしまえばいい。そっちの方が絶対に楽しい」

楽しい場所には人が集まる。

一人ファンタジスタから、チームファンタジスタに。

チームファンタジスタから、全社員に。

村上が学生時代から目指していた、「遊ぶように働き、働くように遊ぶ」が、今まさに、仲間と一緒に実現され始めている。

BEST PRACTICE

「自分は何者か、何をやるのか、どうやるか」を明確にすれば、誰もがファンタジスタになれる

本気で社会課題を解決したいから今の会社に居続ける

日本取引所グループ
須藤奈応

第2章　会社を巻き込む

緒方貞子世代が考える価値基準

ＯＮＥ ＪＡＰＡＮに参加している有志団体には、女性が代表を務めている団体も少なくない。日本取引所グループ（ＪＰＸ）の須藤奈応が２０１４年に立ち上げた「兜《かぶと》ナイト」もそのひとつだ。

須藤はＯＮＥ ＪＡＰＡＮの幹部６人のうちの１人。初期加入メンバーと新規加入メンバーの間に立ち、コミュニケーションを円滑にする須藤は、メンバーにとっても頼れる存在だ。

須藤は自分のことを「緒方貞子世代」と語る。もちろん、同世代という意味ではなく、緒方貞子氏の活動に代表される「国際的な貢献活動」や「社会課題の解決」に関心が高い世代という意味だ。

自らを「透明な存在」と名付けた元少年Ａこと酒鬼薔薇聖斗と同学年。多感な時期に阪神淡路大震災と地下鉄サリン事件を経験した。バブルを知らず、経済成長を一度も経験していない。どんなに頑張っても、先は行き詰まっているという

すどう・なお●1983年東京生まれ。慶應義塾大学法学部政治学科卒業。2005年日本取引所グループ入社。11年ペンシルベニア大学ウォートン校へ留学、MBA取得。帰国後、13年より経営企画部。14年９月金融業界有志の勉強会「兜ナイト」を立ち上げ。16年９月よりONE JAPANに参加、幹事を務める。

理不尽さを感じている。しかもその経済成長を支えた上の世代が、定年後、何の生きがいも見いだせずに老後を過ごしているといった報道も目の当たりにしている。

お金があれば全てうまく回るわけではない。そう考える人が多いのが、この世代の特徴でもあると須藤は分析する。だからこそ、自分が社会にどう貢献できるかを考えるし、社会課題の解決にも敏感だ。

世界各国の経済発展に貢献したい

社会が抱える課題を解決したい。しかし医者ではないし、農業の技術もない自分に何ができるだろうと考えた時に思い浮かんだのが、金融だった。

例えば証券取引所は経済発展のためにはなくてはならない機能だ。それがもっとうまく回るようになったら、各国の経済発展に貢献できるのではないかと考えた。ちょうど須藤が就職活動をしていた時、東京証券取引所（現日本取引所グループ）の社長が、取引所を通じてサービスの海外展開をしたり、発展途上国の技術開発や技術支援を進めると言っていたことも大きかった。須藤は東京証券取引所への就職を決めた。

入社してからの須藤は、上場会社周りの仕事がメインだった。

取引所には守りの仕事と攻めの仕事、その両輪が必要だ。「守り」の側面は、市場運営者としてマーケットを確実に運営していくこと。一方「攻め」の側面は、顧客のニーズを聞いて新しいサービスに活かしていくこと。特に株式会社となった今は、より後者が重要になってくる。

そのためには顧客のニーズを的確に理解する必要がある。また、攻めの姿勢と守りの姿勢をバランスよく前進させるためには組織変革も必要ではないかと思った。しかし自分にはまだ、それを提案するだけの技量がない。

組織の中での自身の無力さを感じていた時に、ニューヨークの証券取引所に短期出向したことが、須藤にとってひとつめの転機となる。

ニューヨークでは、同業者が全員「プロ」であることに驚いた。どんなに若手であっても、弁護士免許やＭＢＡなど何かしらプロの領域を持って働いていた。須藤は、自分もそういう人たちと対等に話せる武器を持ちたいと考えた。

その武器の中でＭＢＡ留学を選んだのは、尊敬する上司がＭＢＡホルダーだったからだ。須藤は希望を出して、ペンシルベニア大学ウォートン校にMBA留学をすることになった。入社8年目のことだった。東京証券取引所としては、女性初の社費留学。上司や先輩、そして同僚たちが須藤のチャレンジを心から応援してくれた。

カンボジアで見つけた生涯の目標

このMBA留学中に、須藤はその後のキャリアに大きな影響を与える経験をする。在学中にカンボジアでボランティア体験をした時のことだ。

須藤が手伝ったのは、農家にバナナチップスのつくり方を教え、その商品を買い上げて販売するビジネスを行うカンボジアの会社だった。須藤はそこで財務経理関係の管理やマーケティングのボランティアをすることになっていた。

ある日、社長に連れられ工場を見学に行った須藤は、衝撃を受ける。

「工場」とは名ばかりで、バナナチップスは窓もない掘っ建て小屋のような建物でつくられていた。その小屋の奥には家族も使っているキッチンがあり、バナナチップスはそこでつくられていたのだ。

バナナを洗う水には雨水が使われていた。つくられたバナナチップスは、犬もうろつく屋外に放置され、蠅がたかっていた。

社長は須藤に「どうすれば、この状況を改善できると思う?」と尋ねた。衛生状態が良くないのは一目瞭然だが、投資できるお金がないと彼は言う。

須藤は、小屋の周りにバスケットがたくさん放置されているのに気づいた。そのバスケットを逆さにしてバナナチップスを覆えば、少なくても犬と蠅からは守られるのでは、と提案した。祖母の家にあった蚊避けの仕組みを思い出したのだ。須藤の案は「確かにいいアイデアだ」と言われ、採用された。

須藤が体験した、ささやかで、しかし確実に手触りのある、初めての社会課題の解決だった。そしてこの時須藤は、このバナナチップス工場のように、お金は使えないが解決しなくてはならない課題が世の中にはたくさんあることを、肌で認識した。こういった課題が寄付だけで解決するわけではない。それではサステナブルではないからだ。ＯＤＡ(政府開発援助)の課題もここにあるのだと感じた。課題を解決するためには、まず課題を認識し、壁を超える工夫をしなくてはならない。

「そうか、その工夫が『イノベーション』と呼ばれるものなのか——」

須藤はこの時「社会課題を解決すること」を、人生を賭けてやり遂げることに決めた。

2年間のMBA留学後に覚えた危機感

2年間のMBA社費留学を経て、2013年に須藤は日本に戻ってきた。シンガポールでインターンも経験したが、「やっぱり取引所が好きだ」と思って帰ってきたので、モチベーションも高かった。

しかし、その後配属になった経営企画部で、須藤は日々の生活に次第に物足りなさを感じるようになる。

「仕事はそれなりに面白かったんですけれど、MBAでの2年間があまりに知的な刺激と選択肢に満ちあふれていたので、私、このままでいいんだっけ？　と思うようになったんです」

日本経済を立て直すにも、世界経済に影響を与えるにも、証券市場の活性化は不可欠という考えに変わりはなかったが、金融業界はとかく「守り」の業界だ。自社を見ても、ほとんどが兜町の中で人間関係が完結している。社会の課題を解決しようと考えるのであれば、もっと広く業界内外の人と交流した方がいいのではないだろうか。

社内のメンバーに話をすると「自分もそう思う」と答えた人は、結果的に出向経験や留学経験がある人が多かった。須藤は彼らと共に、社外の同世代と共に学び合う勉強会「兜ナイト」を立ち上げた。

「兜ナイト」の特徴は、先に記したように、参加者に社外のメンバーを多く含むことだ。毎回の勉強会に参加する人数は30人限定。講師が一方的に話すだけではなく、意見交換ができる時間を重視している。テーマも「社会的インパクト投資とは？」「世界を変える（かもしれない）ブロックチェーン」など、的を絞ったものにしているので、参加者の熱量は高く、連帯感が生まれやすい。テーマによっては、社内：社外の参加者が８：２になる時も、２：８になる時もある。

目下の課題は、自社の本館で開催しているにもかかわらず新しい顔ぶれに社員が増えないこと。熱心なコアメンバーはいるが、一番インパクトを与えたい層になかなか届かない。

こういった壁にぶつかると、須藤は信頼できるＯＮＥ ＪＡＰＡＮのメンバーに相談をしては改善策を考えている。

なんでも話し合える仲間をつくるには

「兜ナイト」を立ち上げたのと同時期、須藤は本業で「10年後の日本取引所グループを考える未来検討ワーキング」のメンバーに指名される。人事部長と総合企画部長からの号令で、選ばれたのは12人だった。半年かけて、取引所の将来を考え、経営層にプランを提案してほしいというプロジェクトだった。

ただでさえ自分の仕事も忙しいのにと、最初は全員が及び腰だったこのプロジェクト。リーダーも会の進め方も自分たちで考えてと言われ戸惑ったが、2カ月後に自主的に合宿をし、そこで「自分はこういうことをしたい」と一人ひとりが発言したところから、空気がガラッと変わった。メンバーの興味関心が共有できると、「心理的安全性」が確保され、なんでも話し合える仲間になったのだ。

生真面目そうに思った人が実は絵が得意なことを知ったり、海外出張での経験を共有してもらって刺激を受けたり、アメリカの革命的なフィンテックの会社について教えてもらったり……。普段会社にいる時には全くわからなかった、メンバーの別の顔を知ることができた。

最初は週に一度集まっていた会も、後半は自然と週に2回集まることになった。役員にプレゼンをする前には、もう一度合宿をした。

そうして臨んだ40分のプレゼンでは、役員に17個の新しいアイデアを提案した。誰かが代表して話すのではなく、12人全員が入れ代わり立ち代わり、自分が思い入れのあるアイデアについて想いをぶつけた。この時のプレゼンは、12人のメンバーから役員に向かって、次々と情熱の矢が放たれているようだったと須藤は振り返る。CEOからも「よく、ここまでやってくれた」と言ってもらえた。

12人のメンバーに求められたのは「提案」までだったが、須藤はチームが解散した後も、この17個のアイデアを持ち歩き、実現の可能性を打診し続けた。

「せっかくいい提案だと言われたアイデアを、このまま眠らせるのはもったいない。その一心で、いろんな人に話を聞いてもらいました。でも、それができたのはONE JAPANのメンバーも各社で新しい取り組みを実現させるために日々努力していることを知っていたから」

17個のアイデアのうち、4つの提案が実現することになった。そのうちのひとつがイノビジョンという、組織変革プロジェクトだ。顧客のニーズが激しく変化する時代に、ニーズにあった新しいサービスや業務改善案を考え、実行していくことが目的である。須藤がＭＢＡを志望した理由ともつながっている。同時に、先進的な技術を本業に活用していくことを目指す、フィンテック・ラボをつくった。フィンテック・ラボの取り組みはその後本格化し、２０１８年、フィンテック推進室に格上げされた。ほかにも実現に向けて事業化の検討を進めているものがある。それは、須藤がこの会社でどうしてもやり遂げたいことだ。

今の上司だって場面場面でリスクを取っている

今年須藤は、35歳の若さで異例の管理職となった。

自分が提案した案が認められ、実現に向けて動き出す。その結果、自身のポジションが上がる。会社勤めをしていてこれほど嬉しいことはないだろう。しかし、抱える案件が新しいフェーズに入った須藤は、これまでになかった責任を感じていると言う。

前身の東京証券取引所時代から数えても、こういった取り組みは社内初である。

それを推進して全社プロジェクトにしなくてはいけないという初ものずくめ。会社にとって必ず必要な取り組みになるという信念と、成功しなかったらどうしようという不安をいったりきたりする毎日だ。

そんな時に、精神的な支えになっているのがＯＮＥ ＪＡＰＡＮの仲間とのつながりだ。

「プロジェクトを進めるにあたっての細かい工夫は、専門家にヒアリングすることができます。でも、同じように別の企業で新しい事業に挑戦しているＯＮＥ ＪＡＰＡＮの仲間の存在は、精神面で私を支えてくれました」

先に書いた「参加してほしい層が、勉強会や研修に参加してくれない」という悩みにも、ＯＮＥ ＪＡＰＡＮのメンバーがアドバイスをくれた。

「ＯＮＥ ＪＡＰＡＮの人たちのすごいところはたくさんあるけれど、特にすごいのは人の巻き込み方。『どんなに面倒でも、この人に来てほしいという人に向かって、１ｏｎ１の誘いをするしかないよ』と言われました。確かに50人に一斉メールを送るのに比べたら、手間は50倍かかります。ピンポイントで誘って断られた時には、自分のヒットポイントも削られ続けます。でもやっぱり、それをしなきゃダメなんだ。彼らはそれをやってきたんだと教えてもらえるのです」

胃がキリキリする瞬間も多いが、須藤がプランニングした「イノビジョン」に参加した若手の目の輝きが変わったと言われると、やはり嬉しい。会社を辞めるかどうか迷っていた若手が、イノビジョンの研修を経て、会社に残ることにしたと言ってくれた時も格別な想いを味わった。須藤が取り組む新事業の話を興味津々に聞いてくる若手もいる。仕事で抱える悩みを聞いてほしい、そんな相談も多い。こういった幸せな出来事も、ＯＮＥ ＪＡＰＡＮのメンバーと共有した。

自分がプロジェクトを推進する立場になったからこそ初めてわかるようになったこともある。

そのひとつが、大企業のリソースの力だ。大企業の名刺を持っていることで信頼感が担保され、会いたいと思う人にはほとんど会うことができる。人、資金、経験値。そして信頼。大企業が持つ資産は多い。ますます日本取引所グループのリソースを有益に使って社会課題の解決に近づきたいという想いが強くなった。

そしてもうひとつ。若手の中には、「今の上司たちはリスクを取らずに今のポジションに就いた」と思っている人が多い。けれども、上司だって場面場面でリスクを取って成果を出してきたから今のポジションにいる、ということだ。

自分の人生に責任を取れるのは自分だけだ。会社は自分の人生に責任を取ってくれない。それはベンチャーでも大企業でも変わらない。

「自分が選んでこの会社にいるのであれば、会社にこうしてほしい、上司にこうしてほしいと言う前に、自分の力でどうしたらいいかを考えてみよう。私はそうありたいし、そういう人と働きたい」

須藤は、若いメンバーに、そうメッセージしている。

なぜ、限界まで挑戦し続けるのか

今回の取材で、あるＯＮＥ ＪＡＰＡＮのメンバーが、「須藤さんはあんなにスーパーウーマンなのに、全く偉ぶったところがない。やっぱり、一度生死をさまよっていることが大きいのかなあ」と、ぽろっとこぼしたのを聞いた。須藤にそのことを尋ねてみると、「その話、実はあまり人に話していないんですよ」と言う。

ＭＢＡ留学から帰国して日本取引所グループに復帰し、出張でアジア各国を回っていた時のことだった。須藤は、マレーシアで事故にあった。このままでは危ないと、緊急オペが行われた。そのままマレーシアで2週間、日本に戻ってからも3カ月、自宅で安静を命じられた。

病院のベッドにいた時は、「このまま会社に戻れないかもしれない。戻れたとしても、今やっている仕事を取り上げられるかもしれない」と、不安な毎日を過ごした。

幸いにも後遺症は残らず、3カ月後、須藤は仕事にも復帰することができた。上司たちの配慮で会社のキャリアにも影響は出なかった。

この事故を経て須藤は「いつ自分が働けなくなってもおかしくない」ことを初めて意識した。

「それを実感した時、それまでは、どうしても人の評価を気にしてしまうところのある自分だったけれど、これからは自分のやりたいことを純粋にやっていこうと思ったんです」

次々と自分の武器を増やし、前進する須藤のモチベーションの源泉を感じる。

この4月から課長になった須藤は、これからコーチングを学ぶつもりだという。チームの率い方やマネジメントを勉強したいと思ったからだ。ＭＢＡを卒業して5年、当時学んだことを今、見直している。

社会課題を解決したいと会社人生活をスタートさせた須藤のチャレンジは、今年、13年目を迎える。

BEST PRACTICE

会社に要求するより前に、自分に何ができるかを考え、動いてみよう

ONE JAPANの心得 ❷ ティール組織

組織の最終形態は自走する集団

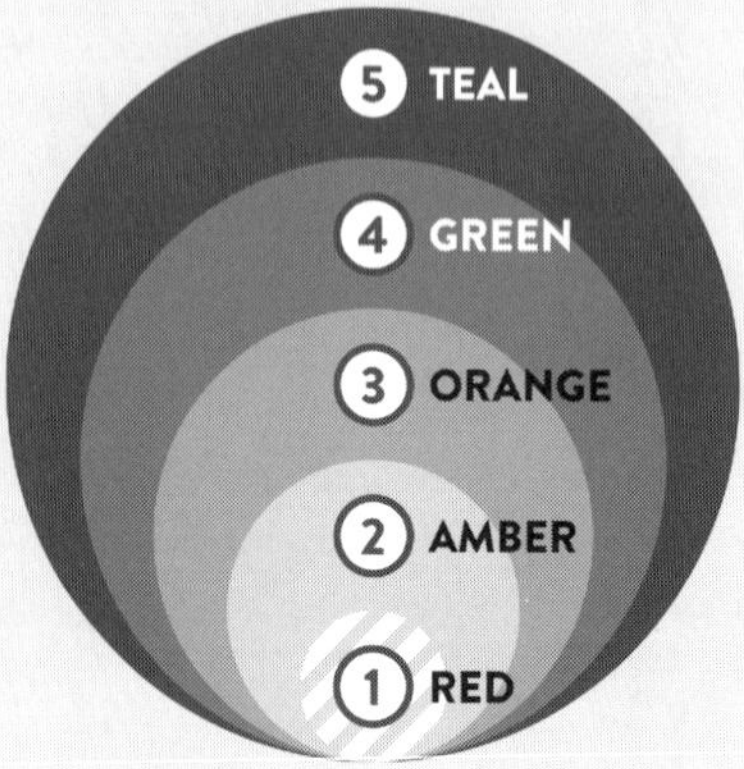

※『ティール組織』をもとに作成

⑤ **生命体（ティール）**
信頼で結びついている
指示命令系統なくて良い

④ **家族（グリーン）**
多様性の尊重。
ヒエラルキーを残すものの、
従業員の呼称をメンバー、
キャストなどへ

③ **機械（オレンジ）**
イノベーション。
科学的マネジメント。
社長と従業員のヒエラルキー

② **軍隊（琥珀）**
長期的展望。上意下達。
厳格な階級に基づく
ヒエラルキー

① **群狼（レッド）**
力による支配。短絡的思考

「ティール組織」は、元マッキンゼー勤務で、組織について長年研究してきたフレディック・ラルーによって提唱された、次世代型組織の形態。ラルーは組織を、①群狼（レッド）、②軍隊（琥珀）、③機械（オレンジ）、④家族（グリーン）、⑤生命体（ティール）の５段階で分類。①から順にステップアップしていき、最終形態が⑤生命体（＝ティール組織）としている。

ティール組織の３つの特徴は、「生命体のように、進化する目的を有している」、「セルフマネジメントが機能する仕組みを有している」、「ホールネス（不安や弱さに寄り添い、個人の能力が最大限発揮できる状態）」。これを会社組織に置きかえると、上司からの指示がないにもかかわらず「自走する集団」だといえば、イメージしやすいだろう。

プラットフォームとして機能するＯＮＥ ＪＡＰＡＮでは、そこに所属するメンバーが自走して勝手に協業や共創を始める、ティール組織だともいえる。

第3章

イノベーションを起こす

若手でも新しい商品やサービスを
生み出すことができる。
社内のアイデアを拾い集め、
会社を説得するために取った行動とは？

第3章　イノベーションを起こす

「その仕事、うちの会社でもできるよ」と今は言い切れる

野村総合研究所
瀬戸島敏宏

社内プロジェクトでの気づき

ONE JAPANに参加する有志団体の中には、「もともと会社のプロジェクトで集められたメンバーが、そのまま有志団体をつくった」というケースや、「人事主導の勉強会が楽しかったので、期限が終わっても続けることにした」という団体が意外と多い。

野村総合研究所（以下、野村総研）の有志団体「Arumon（あるもん）」もそのひとつだ。「Arumon」の代表、瀬戸島敏宏は、エンジニアとして野村総研に就職。会社が主催するハッカソンの運営メンバーだった。

「ハッカソン」とは、広義でエンジニアリングを示す「ハック」とスポーツの「マラソン」を組み合わせた造語で、複数のメンバーからなる参加チームが、与えられた数時間～数日の時間でプログラミングに没頭して、アイデアや成果を競い合う開発イベントのことをいう。

新しい商品やサービスの創出につながる「オープンイノベーション」の手法の

せとじま・としひろ●1986年福岡県生まれ。九州大学大学院工学府知能機械システム専攻修了。2010年野村総合研究所入社。先端技術開発部などを経て、現在システムコンサルティング、設計、構築。16年1月社内の若手有志団「Arumon」を立ち上げ。同年９月よりONE JAPANに参加。

ひとつとして活用する場合もあるし、プログラマーやデザイナーの育成やコミュニケーション目的に導入されることもある。

野村総研の場合は、社員育成の目的に加え、スタートアップ企業とのコラボレーションや、新規事業創出を促す試みとしてハッカソンが採用されていた。

瀬戸島は、本業ではAWS（アマゾン・ウェブ・サービス）をはじめとしたパブリッククラウド中心のシステムコンサルティング、設計、構築を担当している。現在のITビジネスの最先端で、専門的な分野の技術を極める仕事だ。

それに加え、ハッカソンの運営を手伝っていると、ベンチャーやスタートアップに詳しくなる。技術をビジネスにつなげる思考が培われる。ハッカソンで得られた知識を本業にフィードバックすると、新しいアイデアも生まれる。運営側にいたとはいえ、瀬戸島にとって、ハッカソンは大きな刺激をもらえる場だった。

優秀な若手が力を発揮できない

瀬戸島はここで社内の元気な若手と出会う。ハッカソンのような場に参加し「何か面白いことをやりたい」と考えている若手は、手も動くし技術もあって情熱もある。出てくるアイデアをその場でプロトタイプにする者もいた。開発に夢中になっている若手は、みんなキラキラしていたし、生き生きと楽しそうにビジネスプランを考えていた。

しかし、野村総研が得意とする分野は、証券の取引システムや銀行勘定系システム、コンビニの受発注システムなど、大規模で信頼性が求められるものが多い。開発は100人がかりで数年かかるものも多く、技術職の若手は、巨大プロジェクトの一部分しか見えない状態で何年も過ごすケースが多い。

会社としては、AI、IoT、アナリティクスのような新しいビジネスを考え、昨今のビジネスキーワードのひとつであるデジタルビジネスの分野で新機軸を開きたいと再三メッセージをしてきている。しかし、それができる新しい技術を持った中堅クラスのメンバーは少ない。

一方で、ハッカソンに参加するようなデジタルネイティブ世代は、デジタルビジネスに対する感度が非常に高く、スキルも持っている。しかし日々の目の前の業務に追われ、時間がないというジレンマを抱えていた。

このミスマッチが続くと、やる気のある若手ほどキャリアチェンジを考え始める。瀬戸島自身も、ハッカソンに参加した若手から、20代でも活躍できると評判のＩＴ企業やベンチャーへの転職を相談されたこともあった。

キラキラ輝く若手のエネルギーと技術を、なんとか自社で発揮させることはできないものだろうか。瀬戸島は次第にそう考えるようになった。

失敗できる場をつくる

そこで瀬戸島は参加メンバーと一緒に、ハッカソンの期間が終わった後も、継続してアイデアを練り続け、ビジネス化を検討する場をつくった。といっても、放課後の部活動のようなものだ。大学のサークルのノリで、業務が終わってから少しずつ人が集まる。誰に頼まれたわけでもないが、何か新しいことを考えてみようと思う若手たちが夜な夜な本気で意見をぶつけ合う場になった。次第にそこは「若手が本気で遊べる場所」として機能するようになってきた。業務とは異なる場でチャレンジをする「裏活動」の始まりである。

瀬戸島と活動メンバーはこの活動に「Ａｒｕｍｏｎ」という名前をつける。社名の一部の「ｎｏｍｕｒａ」を逆から読んでつけた名前だ。「Ａｒｕｍｏｎ」では失敗をしてもいい。会社の業務ではできない思い切ったチャレンジをしていい場所。名前には、そんな思いをこめた。瀬戸島自身も「Ａｒｕｍｏｎ」で、いろんなアイデアをメンバーにぶつけてみた。

半年くらいの間、「Ａｒｕｍｏｎ」メンバーは自由気ままに集まっては、自主的な活動を続けていた。メンバーは入れ代わり立ち代わり、15人くらいだったろうか。

ところが、こうした「裏活動」に目をつけてくれた役員がいた。「フィンテックをはじめとしたデジタルビジネスには、若いメンバーの自由な発想や高い技術力が必要」と考えた役員と、「Ａｒｕｍｏｎ」はすぐに意気投合し、一緒に活動を開始した。

この活動は、その後社内で公式に発表され、「Ａｒｕｍｏｎ」は、会社公認の有志団体となる。予算もついて、業務の10パーセントまでは「Ａｒｕｍｏｎ」に使っていいことになった。活動拠点としての「部室」もでき、いつでもその部室で活動していいとのお墨付きももらった。

「出る杭にならない」という戦い方

ONE JAPANに参加する会社の有志団体の多くは、オフィシャル組織ではない。この場合、有志活動の時間は業務外に限定されるし、活動や移動にかかる費用はメンバー各自の自腹になる。

一方、オフィシャルに公認された団体となると、予算がついたり活動スペースが確保されたりする。会社によっては一部業務内での活動を認められることもある。その半面、公式団体になることによって、活動に制約が生まれる部分もある。例えば、非公認の有志団体では求められない、アウトプットを期待されることなどがそれにあたる。

「Arumon」が公認の有志団体になってからも、瀬戸島をはじめとするメンバーたちは、積極的に仲間を募るようなことはしなかった。もちろん、噂を聞いて自ら参加したいという人は歓迎したが、こちらから積極的に勧誘するということはしなかった。

その理由のひとつは、あまり目立ちすぎて、出る杭になりたくなかったから。瀬戸島と共に「Ａｒｕｍｏｎ」の中心メンバーでもある萩村卓也は、「細く針を通すように、やる気のあるメンバーでまずは実績をつくることが大事だと思った」と話す。

理由のもうひとつは、瀬戸島も萩村も「こういった活動に一番大事なのは本人のモチベーション」だと考えていたから。物見遊山的な人が増えて組織が肥大化すると、活動が定着しないと思った。

会社の公認組織になって、10パーセントの工数や予算を投入できることになったのだから、その工数や予算を、よりやる気のある本気度の高い人に回したい。しかし、「やる気のある人ほど、10パーセントの業務時間を利用せずに、自ら時間をつくりＡｒｕｍｏｎ活動に参加する」のが実情だそうだ。

強制はしない。それでもやりたいという想いを持ったメンバーが集まっているのだ。

ビジネスを前提にしない

２０１７年には、萩村をはじめとする３人が、「Ａｒｕｍｏｎ」の専任メンバーとなる。業務として１００パーセントの時間を「Ａｒｕｍｏｎ」にフルコミットすることになった。

しかしそれでもなお、「Ａｒｕｍｏｎ」は「本気で遊べる場所」であることを大事にしたいと瀬戸島は言う。

最初からビジネスを起こすことを前提として集まるのではなく、いろんなスキルや思考を持つメンバーが多方面から遊び場に集まり、みんなが自分ごととして意見をぶつけ合う。そこで生まれたアイデアに対してビジネス化を考える。この順番が大事だと思っているからだ。人も技術も情報も楽しく自由につながる場があれば、ビジネスの種は自然と生まれると瀬戸島は考えている。

アイデアやプロトタイプのフェーズから、それをビジネス化するには、意思決定を含む様々な社内の壁を超えなくてはならない。瀬戸島や萩村の次の課題はそここにある。

金融システムを扱う会社である以上、何よりも信頼が重要。会社には「ミスが許されない」風土がある。新規事業、しかも当たるかどうかわからないビジネスを進めることには慎重になりやすい。

3カ月後、1年後に簡単に結果が出るものではない。リスクもある。でも、そのリスクを取ってスタートしなければ、会社の永続的な発展はない。その健全な危機感を上層部と共有し、新規事業のきっかけをつくるのが、今の瀬戸島の役割だ。

「自分の好きな仕事」の割合を増やす

瀬戸島は現在、野村総研の従業員組合の副執行委員長も兼務している。組合の執行委員を務めるのは3年目だ。

本業に加え、「Ａｒｕｍｏｎ」での活動や、ＯＮＥ ＪＡＰＡＮでの活動もある上に、組合の業務。さらに、技術書籍の執筆やクラウド関連のコミュニティ運営もこなす。なぜ、有志団体だけではなく、様々な活動をするのかと聞いたところ、瀬戸島は「人と情報が集まっているから」と話してくれた。

「組合やそのほかの活動を通して、本業では会うことができない社内外のいろんな人と会うことができます。もちろん社内の役員と会話する機会も増えます。一度しか会ったことがない役員に話を通すことは難しいけれど、毎月顔を合わせている役員であれば、提案しやすくなります」

組合の執行委員会では全本部の代表が、今自分の部署で何が起こっているのかを共有する時間がある。どんな部署で新規事業が生まれているのかも把握しやすいし、組合報を発行する時には社内のイノベーターも取材することができる。ここで生まれるつながりが、本業にもＡｒｕｍｏｎにも、ＯＮＥ ＪＡＰＡＮにも活きていると感じる。

もともと瀬戸島は、自身の専門であるＡＷＳの最新技術について、自主的にメルマガを発行して、社内に共有をしてきた。これはある先輩に「まず自分が持っている情報を発信しろ。そういう人に情報が集まるぞ」と教えてもらったからだ。瀬戸島は、ことあるごとに自分の興味やキャラクターを上司に伝えてきた。

「仕事で活躍している人の中には、『運がよかっただけ。偶然だよ』と言う人もいます。確かに運や偶然も必要かもしれません。けれども、日々の努力の積み重ねでこの運や偶然をより必然に近づけることができると思うんです。面白い仕事や自分がより成長できる仕事をたくさん任されるように、努力とアピールをしてきました」

ハッカソンの運営に積極的に関わったこと、AWSのメルマガを書き続けていること、組合の活動を精力的に行うこと。自分の興味があることに注力し、評価されることで、瀬戸島は徐々に自分の周りを「自分が好きな仕事」で埋めていった。

「10種類のタスクがあったとしたら、そのうちいくつ自分の好きな仕事で埋めることができるかが、会社で働く面白さにつながると思う」と、瀬戸島は言う。

「Arumon」の仲間にも、業務の中の「自分が好きな仕事」の割合をどんどん増やしていってほしいと思っている。

瀬戸島にとって何より嬉しいことは、若手から「もっとすぐに活躍できる会社に転職したい」と言われたとしても、「それ、うちの会社でもできるよ」と言えるようになったことだ。

212ページから詳述するが、「Ａｒｕｍｏｎ」のメンバーである20代の入江眞が、ＯＮＥ ＪＡＰＡＮでの出会いがきっかけで社外の企業と協業し、新規事業をスタートさせることになった。20代の若手でも新規事業を起こすことができると、社内外の若い社員に衝撃と希望を与えた案件だ。

今ならば、他社の人にも学生にも「野村総研には、自ら動けば夢を実現できる環境がある」と胸を張って言える。

ハッカソンで見た、若手の輝く笑顔を、自社にあふれさせたい。

瀬戸島が4年前に考えた未来が、今、目の前に到来している。

BEST PRACTICE

興味あることに注力し、発信し続ければ運や偶然はつかみ取れる

「自分の頭で考えて、アウトプットを出して、失敗して」をどれだけ繰り返せるか

マッキャン・ワールドグループ
松坂 俊

第3章　イノベーションを起こす

打席に立てない焦り

クリエイティブな仕事ができると思って会社に入社したのに、仕事は先輩が進めるプロジェクトのアシスタント的な業務ばかり。いつか自分に打席が回ってくるならばまだしも、不況のあおりをくらって、そのチャンスは一向に望めそうにない。若手が仕事への情熱を失っていく典型的なパターンだ。

125カ国に展開する世界最大の広告代理店、マッキャンエリクソンに勤める松坂俊も、そのような状況に不安を感じていた。

ものづくりのワクワクが好きでこの仕事を選んだ。決して超過労働がいいとは思わないが、仕事が楽しければ徹夜になる日があっても構わない。そう思って働いてきた。

しかし、広告業界に飛び込んで気づいたのは、20代の若手に打席が回ってこない現実。周りを見渡しても、コンペで戦ったりクライアントの前でプレゼンをしているのは、30代半ば以上の先輩ばかり。クリエイティブな仕事なのにもかかわらず、一度もプレゼン経験がない20代も大勢いる。

まつざか・しゅん●1984年東京生まれ。イギリスのファルマス大学卒業。2008年マッキャンエリクソン東京オフィスに入社。媒体本部、クリエイティブ局を経て、17年マッキャンクアラルンプールオフィスのデジタルクリエイティブディレクター。15年９月「マッキャン ミレ二アルズ」立ち上げ。16年９月よりONE JAPAN参加、幹事を務める。

もちろん問題の本質は、プレゼンができないことではない。自分で提案するプロジェクトと、上から降ってきたプロジェクトでは、思考の量が桁違いになる。この20代にクリエイティブな発想から遠ざかっていくことは今後のキャリアにおいて致命傷になるのではないか。松坂は焦りを感じていた。

過去の栄光を語るな

若手はどうやって仕事を勝ち取っていけばいいのか。このままでいっぱしのプランナーになれるのか。

日々悩んでいた2015年の春、松坂は海外研修で「サウス・バイ・サウスウエスト（SXSW）インタラクティブ」に参加する機会に恵まれた。過去にはTwitter社なども生み出した、IT企業が商品・サービスのプロトタイプを出展する年に一度の展示会である。世界中のIT企業が注目するこのイベントに参加して、松坂の焦りは明確な危機感に変わった。

「何よりショックだったのは、広告業界の人たちの存在感が全く感じられなかったこと。僕はテクノロジーが未来をどう変えるのかのセッションを選んで見学していたのですが、広告業界の人たちのプレゼンは、過去の栄光を語るばかりで、未来への挑戦の話がなかった。ＩＴ業界の人たちの意気込みやスピード感に比べて、いかにこの業界が失速しているか、危機的状況なのかをまざまざと感じました」

と、松坂は言う。

当時会社に提出したレポートには、松坂がどれだけこのイベントでショックを受けたかがにじんでいる。

「クリエイティブな仕事はＡＩに取って代わられないと言われているが、コンテンツメーカーもデータとアルゴリズムでヒット率を上げて、いつの間にか驚異になっている。例えばＮｅｔｆｌｉｘはアルゴリズムを使って、ターゲット会員たちが、『ケビン・スペイシー主演で、デビッド・フィンチャー監督作品で、政界物ドラマを確実に好む』というデータを導きエミー賞を受賞している。

ＢｕｚｚＦｅｅｄもデータを使用して記事制作の最適化を繰り返し行い、読者が何を見たいかを知っている。

こんな会社を相手に広告会社のクリエイティブが本当に勝てるのか？　相手は鉄砲を準備しているのに自分たちは素手で戦っているような状態に感じた。マーケティング業界はトップの学生たちが行く花形の職種だったのに、今はテック系かスタートアップに流れている。クリエイターの創造性のレベル云々ではなく、こういうビジネスが自分たちの驚異として存在していることを知ることが重要だと思う」

ガレージから世界を変えた同世代のプレイヤー

帰国後、松坂は公式のレポートで会社に自分が覚えた危機感を訴えるとともに、社内の友人にも声をかけた。

「このままではヤバい。何かを変えないと、自分たちの仕事はもちろん、この業界ごと衰退する」

そう感じた松坂は、東京に戻ってすぐに、同じ部署の同期である吉富亮介と戦略プランニング部の折茂彰弘と話をした。松坂はアメリカで見た現実を2人に伝えた。松坂が入社以来感じていた課題意識は、2人も感じていたことだった。

SXSWで見た、IT企業のスタープレイヤーの多くは、自分たちと同世代だった。イノベーションのコストが下がり、ガレージでつくったサービスがいつしか世の中を変えているといったケースが少なくないと松坂は感じた。

これは、ポジティブに捉えれば、自分たち若手にも何か生み出すことができるはずだということ。マッキャンのブランドを使って、自分たちが良いと思うものごとや社会のためのアウトプットをすることが、会社のためにもなるはずだ。そう思った。

「まずは、この現状を変える一歩を踏み出そう」

そう決めた3人は、若手チームで自主的にアウトプットを生み出す集団をつくることに決めた。「マッキャンミレニアルズ」（以下、ミレニアルズ）の誕生である。

デビュー作は「AIのクリエイティブディレクター」

通常、広告業界の仕事はクライアントからの発注があって初めて成立する。しかし、SXSWで最先端の共創事例を見てきた松坂は、クライアントありきのプロジェクトでは、広告業界自体をアップデートするような発想は生まれないことを実感していた。

そこで上司にかけ合い「まずは自分たちがつくりたいものをつくり、その後にクライアントを見つけてくる。お金はかけないようにするので、自主的に活動するのを承認してほしい」と話した。

この時、松坂たちには2つの目論見があった。

まず、このような若手主導の自由な発想で進めるプロジェクトを、いずれ会社の本業のプロジェクトとして進めていきたい。3人だけのクローズドの動きではなく、チームをつくろうとしたのはそのためである。10人、20人とメンバーが集まれば、会社も無視できないに違いない。そう思った。

そして、そのための最初のアウトプットは、このチームの旗印になるものでなくてはいけない。最初のアウトプットにインパクトがあってこそ人が集まるし、「ミレニアルズ」の知名度も上がり、その後の活動がしやすくなる。そして、話題性と同時にスピード感も重要だと思った。若手が自主性を持って動けば、こんなに早いアウトプットができることも見せなくてはならない。

そんなデビュー戦にふさわしいアウトプットとして打ち上げた花火が、「ＡＩ

でクリエイティブディレクターをつくり、そのＡＩが導き出した指示のもとに、人間がＣＭをつくる」というものだった。このＡＩには日本広告賞の最高峰「ＡＣＣ　ＣＭフェスティバル」のテレビＣＭ部門の過去10年分の受賞作品のほか、様々なＣＭを構造分解させ、最適なＣＭをつくるためのクリエイティブディレクションを学習させた。

ネーミングは「ＡＩによるクリエイティブディレクター（ＣＤ）」のコンセプトをわかりやすく伝える「ＡＩ-ＣＤβ」。松坂がＳＸＳＷで知り合い、同じようなビジョンを描いていた映像制作会社の動画のデータ解析を行うスペシャリストをパートナーに、半年で開発を進めた。

この「ＡＩ-ＣＤβ」を「ミレニアルズ」は2016年4月にローンチした。

・この春、マッキャンにＡＩのクリエイティブディレクターが入社した。
・ミレニアル世代の人間は、そのＡＩを上司にして共創を行う。
・ＡＩは様々なＣＭを構造分解して、最適なＣＭを導く能力を持っている。
・そしてそのＡＩはクリエイティブディレクターとしての初仕事を受注。
・ＡＩのクリエイティブディレクションをもとに、ミレニアル世代の人間がＣＭ

をつくる。

このエッジの効いたストーリーが注目を集めた。この発表を受けてスポンサーに名乗り出てくれたのは「クロレッツ」の販売元であるモンデリーズ・ジャパン。6月には、「AI-CDβ」が導き出したコンセプトに基づいたCMが発表された。ちょうど囲碁AIの「アルファ碁」が人間に勝利したタイミングと重なったことも追い風になった。

AI-CDβと名づけたこのロボットはテレビ、雑誌、新聞など、世界40カ国で120回以上の露出を果たす。

ミレニアル世代の危機感＝経営層の課題

この華々しいデビュー戦の実績をひっさげて、松坂は経営会議で若手の自主的活動の承認を提案した。AI-CDβを発表する際、自分たちが所属するマッキャンエリクソンの社長の承認は取っていたが、マッキャンはカンパニー制を採用している。このタイミングで、自分たちのカンパニーだけではなく、各社のミドル、トップ、社長に何度も面会を重ね「ミレニアルズ」の構想を伝えたのである。

松坂たちにとって幸運だったのは、経営層にも「面白いことは正義」と捉える風土が根強く残っていたことだ。そこはやはりクリエイティブ業界である。最終的には、各カンパニーを横断した有志団体にすることを承認され、ホールディングスの社長にその承認を宣言してもらうことができた。これによって「ミレニアルズ」のメンバーは、業務内10パーセントまでをその活動に充てていいとされた。

折しも、このタイミングでアジア太平洋の社長業務が東京に置かれることになった。「ミレニアルズ」は、アジア太平洋のグループ活性化の象徴的存在として、社長からの強い後押しを受けることとなった。

「経営層と話せるようになってわかったのは、僕らが感じていた危機感は、経営層にとっても課題だったということです。ひとつは、若手に元気がなくなっているという課題。もうひとつは、カンパニー間の壁を取り払ってホールディングスとして力を発揮しなくてはならないという課題。『ミレニアルズ』は、その課題を解決するひとつの手段として応援してもらうことができています」と、松坂。

その後「ミレニアルズ」のメンバーは、経営会議にも参加するようになる。各社の社長が悩んでいる課題を、「ミレニアルズ」が解決できないかと持ちかけられることもあるし、「ミレニアルズ」が気づいた課題を上層部にあげることもある。

2015年には想像もできなかった会社に対する働きかけが、今、できている。「やりたいと思ったら、やれる環境がある」ということは、若手にとって、とても恵まれた環境だ。

ラピッドプロトタイプを出し続ける

現在、「ミレニアルズ」からは、様々な発信やアウトプットが生まれている。ONE JAPANで出会った富士ゼロックスや東芝とのコラボレーションで生まれた「マインドフルネスを推進するロボット、SHIRO-MARU」もその一例だ。IT技術とエレクトロニクスの国際展示「CEATEC」でお披露目したところ、「どこで買えるのか」「すぐに欲しい」と、話題を呼んだ。商品化にはまだまだハードルがいくつもあるが、若手のクリエイティビティが、社会的なインパクトを創出できていることは間違いない。

このSHIRO-MARUの共創においても松坂は、「自主的モチベーション」をドライブにすることの強さを知った。有志同士のコラボレーションなので、業務外の毎週末にミーティングを重ねたのだが、それぞれ持ち帰った仕事が1週間後には驚くべきスピードで進んで報告される。受発注で行われる普段の業務のスピード感と比べると、天地の差だった。

「全員の想いが強いし、みんなの距離感が近い。お互いリスペクトし合っているから、コミュニケーションも円滑で、驚きのスピードで物事が進んでいく。このスピード感こそ、僕がSXSWで憧れたオープンイノベーションの進め方でした」と、松坂は振り返る。

若手に重要なのは、とにかく打席に立つ回数を増やすこと。「ミレニアルズ」では、アウトプットをどんどん出すことを奨励している。

結成当初は失敗を恐れる若手も多かったので、松坂らはその背中を押してきた。マッキャンには、グローバルブランドを使って自分なりの挑戦ができる「スケールメリット」がある。一方で、僕たちは若者だし、有志だし、期待値ゼロの「スモールメリット」がある。その両方を使って、実験ができる場だと強調した。

「僕たちが提案するのは、ラピッドプロトタイプ（時間をかけた本番に限りなく近いプロトタイプではなく、そのコンセプトを伝えるために短時間でつくる簡易なプロトタイプ）でいいと思っているんです。なぜなら、若手が今後活躍していくためには、数多くの打席に立つことが最優先だから。自分の頭で考えたアウトプットをたくさん出して、失敗の実績だけでもいいから積んでいくことが重要だと思っています」

と、松坂は言う。

今でも松坂は「クライアントが獲れたり、少しでも成功したりしたらヒーロー。失敗してもチャレンジャーとして褒める」を徹底している。

日本発、グローバルへの若手プロジェクト展開

現在松坂は、33歳の若さでありながら、「マッキャンミレニアルズ」のアジア版を率いる責任者として、マレーシアを拠点に活動している。

「ミレニアルズ」をさらに成長させ会社に貢献するには、自分が各国のリーダーになるしかないと、自ら手を挙げ上司とアジア太平洋の社長に直談判したのだ。

マッキャンの強みのひとつは世界各国に展開する外資系企業だということ。その強みを生かして、マッキャン・ワールドグループのアジアの若手リーダーたちをつないで化学反応を起こすことが松坂のミッションだ。

このプロジェクトを進めることによって気づいたのは、どこの国で働く若手も、課題は同じだということ。どの国でも一番の悩みはモチベーションである。

本人のモチベーションを上げ、彼らが率いるチームの若手たちのモチベーションを上げさせる。そのために「志を同じくする横のネットワーク」が有効に機能することを、松坂は既に日本で証明している。

国を超えて、マッキャンの若手リーダーたちが集まり意見交換した時、そこに集まった若手社員たちは「これこそが、自分が会社に求めていた刺激だった」という感想を漏らした。外資系ならではのリソースを有効活用し、自分たちの国の課題解決やオープンイノベーションにつなげる試みは始まったばかりだ。

今、松坂は各国の社内で「ミレニアルズ」を立ち上げたリーダーたちのフォローアップをしている。日本の「ミレニアルズ」でも、ＯＮＥ ＪＡＰＡＮでも同じだが、有志団体のリーダーは孤独を感じやすい。彼らを細かくフォローして、モチベーションをキープし、より多くのアウトプットを出していくことが仕事である。

会社にいながら、なりたい自分になれた

インタビューの最中、松坂は「ミレニアルズ」やＯＮＥ ＪＡＰＡＮで有志団体を運営したことで、強い愛社精神が芽生えたと話してくれた。

「僕は入社時からオープンイノベーションに興味があったのですが、正直、心のどこかで、『そういった働き方をするには力をつけて独立するしか道はないだろう』と思っていました。でも、自分から発信することで、会社がこんなにも応援してくれるということがわかった。会社にいながら、自分自身がなりたかった自分になれたんです。今は、なんていい会社だろうと思っています」

もうひとつ松坂が気づいたのは、「会社にいると、レバレッジが利く」ということ。これはグローバルで働くようになって、さらに強く感じるようになったということ。個人として発信しながら、会社のバックアップを受けることができる。会

社員であれば、このレバレッジを最大限使わない手はない。

理想の働き方に近づいた松坂は、自ら先陣を切ってオープンイノベーションを進めるべく活動している。社内の若手やＯＮＥ ＪＡＰＡＮの仲間たちのロールモデルになりたいと、マレーシアと日本を忙しく往復している。

BEST PRACTICE

受け身の仕事では思考量が足らず、実力がつきづらい。挑戦し続けることが一番のリスクヘッジになる

ONE JAPANの心得 ❸ イノベーションの理論

つながりが生まれると、イノベーションは起こりやすくなる

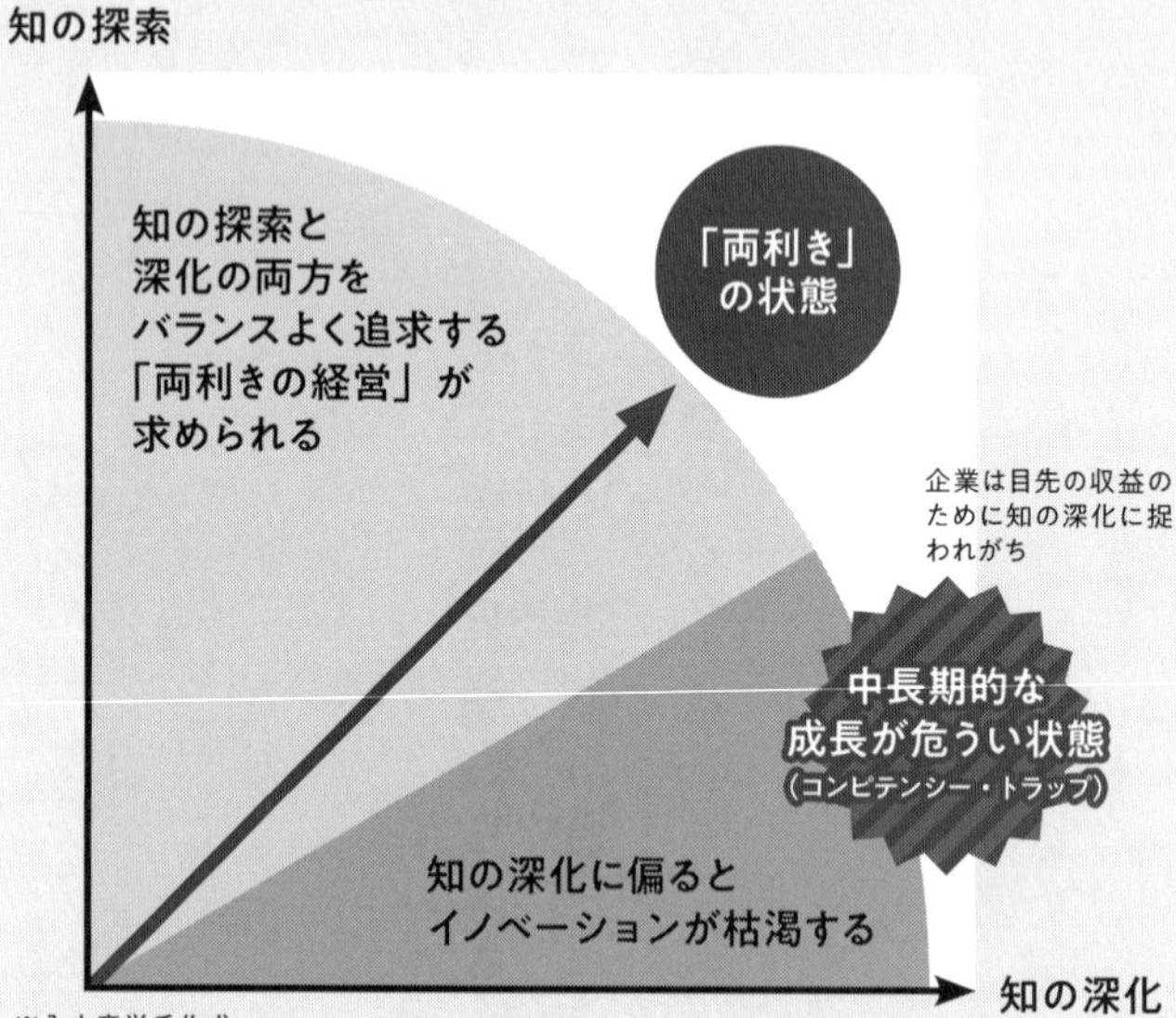

※入山章栄氏作成

早稲田大学ビジネススクールの入山章栄准教授が、海外の経営学の知見をもとに、日本企業に重要な視点として提唱する「イノベーションの理論」。

イノベーションの第一歩は既存の知と知を組み合わせることからスタートする。日本企業は既にある知をより効率化したり品質を高めたりすること（「知の深化」）は得意だが、離れた世界の「知」と自分の「知」と組み合わせること（「知の探索」）が不得手。世界の経営学では、「知の深化」を継続する一方で「知の探索」を怠らない態度（「両利きの経営」）がイノベーションにつながるといわれている。

ＯＮＥ ＪＡＰＡＮは大企業同士のつながりが自然に生まれ、幅広い知が集まるので、「知の探索」を促す場としての機能が期待されている。

第4章

社外でつながる

<ONE JAPAN 結成>

他社の仲間の知見が
自社の活動のヒントになることも多い。
ONE JAPANの結成は、
単なるつながりだけではない、価値を創造している。

若手の有志でつながり会社を変えるなんてアホなくらい合理的じゃない。だからこそ、やるんです

パナソニック
濱松 誠

「つながり」が必然的に求められる時代

２０１４年以降、日本の大企業に、若手有志団体が続々と生まれた。例えば、ＯＮＥ ＪＡＰＡＮに参加する会社の有志団体だけでも、この期間に立ち上げをした団体は30社にのぼる。

もちろんこれまでも会社内に有志団体がなかったわけではない。しかし、部署やグループ企業の枠を超え、しかも若手を中心につながった団体がここまで同時多発的に立ち上がった例は過去に類を見ないといわれている。

この時期に有志団体の設立が相次いだのはなぜか。そこにはいくつかの背景が考えられる。

・製造業をはじめとする日本企業の失速で、大企業にかつてない危機感が生まれたこと

・ＡＩ時代の到来に対し、イノベーションを起こせない大企業の寿命はさらに短くなると考えられていること

はままつ・まこと●ONE JAPAN共同発起人・代表。1982年京都府生まれ。大阪外国語大学卒業。2006年パナソニック入社。北米向け薄型テレビのマーケティング、インド地域の事業企画を経て、12年本社人事部にてパナソニックグループの採用戦略と人材・組織開発を担当。同年３月社内の有志団体「One Panasonic」を立ち上げ。16年同社初のベンチャー企業出向を経て、現在は家電部門の新規事業担当。

・働き方改革が推進され、これまでの会社の枠組みに捉われない働き方が模索され始めたこと

閉塞感のある日本社会。失われた10年のツケから決して逃げきれない若手が、共通の課題意識を持って立ち上がった。若手中心の有志団体が次々登場した背景を、そう読み解くこともできそうだ。

しかし、それだけではない。これら社会的な背景に加え、そこにはもうひとつの理由がある。

それは、日本に「濱松誠」がいたこと、である。

今日の日本を支える大企業の経営者の多くが、松下幸之助の経営理念に影響を受けたように、大企業の若手有志団体の代表は、多かれ少なかれ濱松誠の影響を受けている。

今回行ったONE JAPANメンバーへの取材でも、濱松に出会わなければ全く違う人生を歩んでいた。今の会社は辞めていたと思うと話した人が大勢いた。

2012年3月、濱松は若手でつくる有志団体「One Panasonic」を立ち上げた。そして、2016年9月、大企業の若手有志26社120人が集まるONE JAPANを結成。2018年7月現在、ONE JAPANへの参加人数は50社1200人にのぼる。

日経ビジネス「次代を創る100人 2017」選出、パナソニック初の資本関係のないベンチャーへの出向をするなど、大企業社員の新たな像を示し続ける濱松誠。

いったい、彼は、何者なのか。

母の優しさと、会社への義憤

濱松は京都府出身。3人兄弟の末っ子だ。2歳の時に父親が家を出ていって以来、兄弟は女手ひとつで育てられている。

「彼女の優しさという強さが、自分を育ててくれた」

講演で話す時に濱松は、必ずといっていいほど自分の母親について触れる。

自分のことよりも、子どもや周りの人を優先する人だった。人を傷つけることは決して言わず、周りの人が喜んでくれると自分も喜ぶ。優しくて人想いで、時におせっかいな母親。

記憶に残っているのは、濱松が小学校の時のこと。ミニバスケットボールクラブを辞めたいと言った濱松に「いつでも辞めていいんだよ」と言ってくれた。大学時代の留学も、余裕などなかったはずなのに、「頑張っておいでね」と言ってくれた。息子が選ぶ道ならば、それがどの道であれ、必ず応援してくれる人だった。

彼のリーダーシップには二面性がある。

ひとつは、若手が会社で自分らしく働ける環境をつくらなくてはいけないという「使命感」。その使命感は時折、「怒り」と呼んでもいいくらいの、強い情熱だ。仲間を鼓舞する強気の発言は人を引き込み、「あんなに心に響く話を聞いたことはない」とみなが口を揃えるカリスマ性を持つ。

その一方で濱松には、先述した母から与えられた「優しさ」と「情の深さ」が兼ね備えられている。人一倍繊細で、メンバーの変化にも最初に気づく。自分が否定された時は笑顔ですませるが、メンバーが否定された時には牙を剝く。

この二面性が濱松の魅力なのかもしれない。

愚痴を言うな、自ら動け

もともと、「Ｏｎｅ Ｐａｎａｓｏｎｉｃ」が生まれるきっかけをたどると、それは、濱松がパナソニックに入社する前の出来事に遡る。

濱松が就職活動をしたのは２００５年。松下電器産業がパナソニックに社名変更する3年前のことだった。

当時の松下電器産業に採用が内定した時、濱松は採用担当者に「会社に入る前に、もっと先輩に会って話を聞きたい」と相談するが、「今は大学生活を楽しんでおいた方が良い」と断られた経験を持つ。

内定をもらって、これから社会人になる。人生の新しいステージへの期待と不安が入り交じった時期である。その時に、リクルーター以外の先輩社員と話せなかったことが濱松に最初の疑念を抱かせた。

「え？　松下は『物をつくる前に人をつくる』と言っていたはずなのに……」

大学生だからこそ抱く青くさい感情だったかもしれない。けれども濱松は、入社してからもこの時に抱いた悔しさを忘れなかった。

「きっと来年の内定者にも、私のような面倒なやつ、つまり『先輩社員と会いたい』と言い出す学生がいるだろうなと思っていました。ちょっとカッコつけかもしれないけれど、その内定者たちに自分が味わったようながっかり感は味わってほしくないなと思ったんです」

会社や人事に愚痴を言っても仕方ない。濱松は自分で動くことにした。顔見知りだった自分の同期20人と、内定者20人に声をかけて、内定者懇親会を開いた。濱松入社1年目の冬のことである。この1回目の懇親会は、居酒屋でそれぞれの自己紹介をしただけの飲み会だったが、内定者たちからはとても好評だった。同期のメンバーからも「来年もやろう」と言われる。

2006年に40人でスタートしたこの内定者懇親会は、2011年には100人の規模にまで膨らむ。気づけば6年目には、内定者と6年目までの社員がつながる若手コミュニティができていた。地道な活動ではあったが、この6年間に約400人とのゆるやかなつながりができた。

パナソニックには国内だけでも数万人の社員がいる。そのうちの400人というと、小さすぎるつながりかもしれない。でも、縦割り化が進む典型的な大企業で、この400人とのつながりは、なにかと有機的に機能した。一度飲み会の場で話しただけでも、本業の場で再会したら話が早くなる。何より、会社に染まる前のまっさらな状態の学生時代に「こんな先輩がいるのか!」「この人と一緒に働きたい」と思える出会いが生まれていることは、参加者にとって良い影響を与えているように感じられた。

組織の歯車にさえなれずに

話は濱松の入社時に戻る。

濱松は新人研修の後、数千億円の売り上げ規模を持つテレビ事業部門に配属される。北米向けテレビのマーケティングを担当した。

しかし、濱松が入社した頃は、テレビ事業部門にとって非常に苦しい時代だった。リーマンショックの影響や低価格でデザインが洗練された製品を生み出すサムスンやLGなどの韓国勢の台頭で市場競争が激化し、危機感にあおられた部門内の空気はとても殺伐としていた。テレビ事業部は花形部署といわれるだけあって、エース級の先輩たちが集まっていた。しかしそんな優秀な先輩たちが夜遅くまで働いても、思ったような成果が出ない。

マーケティング担当として配属された濱松自身も、来る日も来る日も、PSI（生産・販売・在庫）の管理や新商品のモックアップサンプルを海外に送るため、段ボールに荷詰めする日が続いた。

「これは自分の仕事なんだろうか？」

そんな疑問が頭をもたげた。この時感じた「自分は組織の歯車にすらなれていない」という体験が、濱松の原体験となった。

その後、別の部門を経て、5年目で配属になったのは、インド事業推進室。大阪外国語大学でヒンディー語を専攻していた濱松は、インド大増販プロジェクトに関わる。ゆくゆくはインドに駐在か？と考えていた頃、一つの大きな転換点が訪れる。

パナソニック電工、三洋電機の完全子会社化だ。

2012年1月、当時のパナソニック大坪文雄社長は、この3社がひとつにまとまって危機を乗り越えたい。〝OnePanasonic〟の精神で仕事に臨んでほしいとメッセージした。

この時、濱松は思った。確かに400人の若手とネットワークがあった自分自身も、電工や三洋とのつながりは持っていなかった。大坪社長の〝One Panasonic〟の若手版を実現することができないだろうか。

そう考えた濱松は、内定者懇親会や若手交流会で知り合った仲間を中心に、3社の若手をつなぐ「One Panasonic」の構想を練り始めた。

忘れられない社長の言葉

若手に声をかける一方で濱松は、水面下で交渉を始めた。大坪社長にイベントに参加してもらえないかと思ったのだ。せっかく大坪社長自ら発信した〝One Panasonic〟を具現化する若手の集まりだ。社長の後押しがあれば、この集まりの価値も高まるし、メンバーの士気も上がる。その後の活動もしやすくなるだろう。そう考えてのことだった。

といっても、当時30万人を超える企業の社員にとって、社長はもちろんのこと役員も雲の上の存在だ。入社式以外、一度も直接顔を見たことがないというメンバーがほとんど。それくらい、大企業の社長と社員の距離は遠い。

濱松はこの距離を埋めるべく、作戦を練った。

濱松はまず、社長ブログに設置されたメールアドレスにメールを送った。

「これ、本当に社長が見てくれるのか」

一抹の不安を抱きながらも、メールに、大坪社長の考える〝One Panasonic〟を、若手でも実現していきたいという熱い想いを書いた。

さらに濱松は、当時、「One Panasonic」の構想に賛同してくれた本社社内広報担当者に協力を仰いだ。後で知ったが、彼女が本社内を調整してくれていたのだ。

だが、1週間、2週間経っても秘書からは返事がこない。社長が特設でつくったOne Panasonic構想についての意見を募る目安箱にまた投書したり、できることは全部やったが、イベントが控える3月になっても、連絡はなかった。

もう日にちがない……ある日濱松は恐る恐る、秘書に電話をして確認をした。

すると秘書は「まだ正式にはお返事できませんが、社長は参加の方向で調整しております」と言う。

「その時は、もう、『うぉーっ！』って。そういうところが大企業だと言われてしまうかもしれないけれど、やっぱり社長は社員にとって会社の象徴。当時、本当に会えない存在だったから」

濱松は「大企業の20代」にとって忘れられない日のことを、そう語った。

2012年3月31日土曜日。

「One Panasonic」の結成当日。何があるかわからないので、大坪社長の参加は、伏せておくことにした。

イベントは大阪の京橋、パナソニックタワー38階で行われた。

本当に来てくれるだろうか。急な予定が入ったら……。

気が気ではない濱松の心配は杞憂に終わり、会場に大坪社長が現れた。社長のサプライズ登場で、その場に集結した200人の若手は興奮と熱狂に包まれた。

「若い力で〝One Panasonic〟を実現しよう」

その時大坪社長にかけられた言葉と、「One Panasonic」の結成に集まった若手200人で一緒に撮った写真は、今でも濱松の宝だ。

この6年、楽しいことばかりではなかった

以降6年間。濱松はプライベートの時間のほぼ全てを「Ｏｎｅ Ｐａｎａｓｏｎｉｃ」に捧げてきた。「Ｏｎｅ Ｐａｎａｓｏｎｉｃ」に参加したいという社員は増え続け、近年ではここで生まれたつながりを活かして頭角を現す若手が増えている。『Ｏｎｅ Ｐａｎａｓｏｎｉｃ』があるから、パナソニックへの入社を決めた」と言った新人もいた。

先頭を歩く者はいつでも叩かれる。ここに至るまでの道のりを、濱松は「楽しいことばかりではなかった」と振り返る。

心ない社員から「意識高い系」と揶揄されることも多かった。「若手が集まっているだけじゃないか」、「結局、何のアウトプットも出ていないじゃないか」と言われた回数は、思い出せないくらいだ。自分が言われるのは耐えられる。でも、一緒に運営してくれるメンバーたちや参加者が、そう言われることがこたえた。中には、心が折れるメンバーもいた。

「実際に行動せずに、人の批評や批判ばかりしている人間に何を言われても気に

するな」。そう伝えるのが精一杯だった。

業務外の活動なので、仕事を終えて夜遅く家に帰り、イベントの企画や、「One Panasonic」のFacebookページへの投稿等を終えると、毎晩深夜になっていた。

パナソニックは大阪が本社だが、全国に事業場がある。本社だけではなく、全国のパナソニックの若手とつながりたい。東京、名古屋、福岡にも地区組織をつくり、大阪を含めた4カ所に地域代表を置いた。濱松は、その代表たちと毎週業務後にスカイプミーティングを重ねた。

スカイプミーティングでは、「One Panasonic」の各地区でどんな企画が進み、どんな課題が生まれているかを話し合った。また、「One Panasonic」に参加した若手たちからの「イベントに参加して会社が好きになった」「仲間ができて、仕事が楽しくなった」「このつながりがきっかけで業務で成果を出すことができた」といった声を共有し合った。そういう声を聞く時が、有志団体を運営している上での一番の幸せな瞬間だ。

その一方で、代表たちの悩みも包み隠さずに共有し合った。代表は孤独だ。その地域で一番モチベーションが高いのが代表だから、どうしても、その地域の幹事との間で温度差が出てくる。だから濱松は「Ｏｎｅ Ｐａｎａｓｏｎｉｃ」の話だけではなく、必ず、会社の業務で今何をやっているのか、プライベートでは何があったかを尋ねた。お互いに今の精神状態をさらけ出し、裸の付き合いをした。心理的安全性のある状態をつくり、信頼関係を築いてきた。

当時の大阪代表、今はアメリカに駐在中の橘匠実はこう振り返る。

「上司とうまくいってないとか、彼女と別れたとか。この4人にだけは、なんでも話せると思えたから頑張れた」

しかし、それは濱松にとってもまた同様だった。彼らがいたから、どんなに的外れな批評を受けても耐えられたし、また頑張ろうと奮起できたからだ。

「終身雇用」から「終身信頼」の時代へ

濱松たち、「Ｏｎｅ Ｐａｎａｓｏｎｉｃ」の運営メンバーが取り組んだ企画は枚挙にいとまがない。

その中でも、「ようこそ先輩」と名づけた、社内のミドルマネジメント層を呼んで講演をしてもらうイベントは、「One Panasonic」の転機となった。30代後半から40代の社内の実力者が「One Panasonic」の若手に向かって話をし、若手はその話を熱心にメモする。この取り組みを重ねることで、ミドル層との信頼関係が生まれた。それまで「あいつらは何をしてるんだ？仕事はちゃんとやってるのか？」などと厳しいことを言われることが多かった「One Panasonic」だったが、社のミドル層を巻き込んでからは、活動を応援してもらえる機会が少しずつ増えていった。

ミドルの中には「俺も昔はこういった活動をしていたんだ」と言う人もいた。確かに、かつての会社にはアングラ活動と呼ばれるような、業務と関係しない「机の下活動」があったようだ。

一般的に業績が厳しい時代になると、有志活動は縮小するといわれる。けれども濱松は、そんな厳しい時代だからこそ、業務以外のつながりが重要だと考える。「One Panasonic」では大きなイベントは3カ月に1回行われる。その時だけでも、縦だけではなく横や斜めのつながりを感じてほしいと願う。

画期的だったのは、社外からパナソニックの卒業生（アルムナイ）を呼んで、トークイベントと交流会を開催したことだ。終身雇用が常識で、「一度会社を辞めた者は、他人である」と考える大企業が多い日本では、ある意味タブーのひとつとされていたことだった。外資系のコンサルティング企業やリクルートなどの一部の企業をのぞいて、OB、OGが古巣の経営者や若手に話をするなど、それまで許される空気ではなかった。

しかし濱松は日本マイクロソフト会長の樋口泰行氏、サイボウズ社長の青野慶久氏、Cerevo CEOの岩佐琢磨氏などを口説き落とし、パナソニック側も津賀一宏社長や技術部門トップの宮部義幸専務、人事部門トップの石井純常務（当時）をはじめとした経営層に掛けあってトークを実現させた。

「これからの時代は間違いなく、『終身雇用』から『終身信頼』の時代に変わっていく」

と濱松は言う。その時に、苦楽を共にし事業を進めた元社員との関係性を良好に保っていくことは、必ずや会社の資産になると濱松は考えている。

イベントに登壇した樋口氏は昨年代表取締役として、岩佐氏は今年Shift all CEOとしてパナソニックに戻ってきた。これこそ濱松が実現したかった「終身信頼」のひとつのカタチだった。

同世代の若手有志がミドルになる日

ハッカソンの開催、パナソニック初のベンチャー出向、新規事業創出部門の立ち上げ・運営、社内副業の解禁など、「ＯｎｅＰａｎａｓｏｎｉｃ」のメンバーが表になり裏になり働きかけた社内のプロジェクトは多い。少しずつ会社が変化している兆しも感じられるようになった。

これまで「『ＯｎｅＰａｎａｓｏｎｉｃ』に参加してくれた若手は重複をのぞいて約２５００人。「パナソニックの規模を考えたら、それだけかと思われるかもしれない。けれども、若手だけに限った人口でいうと、この人数は社内の１～２割にあたります。この１～２割がミドルになり経営に携わるようになった時に、本当の意味での変化が起こると信じているんです」

「ＯｎｅＰａｎａｓｏｎｉｃ」の活動が注目を集めると、濱松には取材や講演の依頼が増えた。

記事を読んだり、講演を聞いたりした若手から、

「うちの会社にも同じような有志団体があるのだけれど、一緒に何かしたい」

「うちの会社で若手の有志団体を立ち上げたいのだが、アドバイスが欲しい」

と連絡がくるようになった。

濱松はそういった連絡を受ければ、日本全国どこにでも駆けつけた。週末を利用し、少しでも交通費を浮かせるために深夜バスで移動する。のちにONE JAPANの幹部となるNHKの神原一光（170ページ）にも、社内の勉強会で話してほしいと頼まれたことがある。その時もそうだったが、有給を使って登壇したイベントや勉強会も多い。

自分を呼んでくれた場所では、「One Panasonic」でできたこと、できなかったことを包み隠さず共有した。若手が社内でつながりを持ち、会社の中で一歩踏み出せる存在になることの必要性と楽しさを語って回った。

大阪の濱松のもとにも、東京や名古屋から、「One Panasonic」の活動を見たい、濱松と話したいとやってくる若手がたくさんいた。この時期に濱松と出会った人の中には、濱松の家で朝まで語り明かしたという者も多い。

「日本を若手から元気にしよう」とのコンセプトで企画された「ボトムアップジ

ャパン」のイベントにも登壇した。そこで出会った仲間たちが続々と若手の有志団体を立ち上げ始めた。

彼らと情報交換をするうちに、濱松はその有志団体同士が横につながれる場をつくろうと考えるようになった。

「自分らがやろうとしているアプローチは、おそらく今まで誰もやったことがない、ほんとにアホのやることです。若手の有志で会社を少しでも良くしていこうなんて、そもそも合理的じゃない。時間はかかるし、手間もかかる。でも、誰もやらないからこそやるんです。今すぐには無理でも、10年後、20年後、このつながりが必ず社会を変えると信じて、私たちは動くことにしました」

濱松のその想いに賛同して集結したのが、ONE JAPANの立ち上げメンバー、26社の有志団体のリーダーたちだ。

ONE JAPAN結成、あれから2年

ONE JAPAN結成から遡ること、3カ月前。濱松は、NTT東日本の山本（22ページ）に共同発起人にならないかと声をかけている。

濱松は、この集団を「実践共同体」にしたいと考えていた。人がやることを批判する「評論家」ではなく、自らが動く「DOER（ドゥーアー＝実践する人）」の集団にしたいと思ったのだ。個人での加入を認めず、有志団体をつくり運営した実績がある会社だけに参加資格を与えたのは、その最初の一歩も踏み出せない人が、DOERになれるはずがないと考えたからだ。

これまで、濱松が社内外で出会ってきたサラリーマンは1万人を超える。彼が講演をした後には、「勉強になりました」「感動しました」と言って、名刺交換をしていった若手がたくさんいた。でも、その中で本当にDOERになり、行動を起こした人は少ない。山本は、その数少ない一人だった。彼こそDOERのロールモデルとして、ONE JAPANのメンバーを率いていくのにふさわしいと思った。

もう一人の共同発起人、富士ゼロックスの大川（42ページ）に声をかけたのは、ONE JAPAN発足イベント直前の8月だった。思い立ったらすぐに動き、走りながら考えるタイプの自分と、ミッションやビジョンをしっかり確立させてから動くタイプの大川。案の定、大川に話をしたところ、ほとんどの議論は「この団体のあるべき姿」に集約された。

有志団体の活動を「吐くほど辛いことの連続だったけれど、義憤と使命感で続けてきた」と言う濱松と、「楽しくなければやる意味はない。来るもの拒まず、去る者追わず」と言う大川は、一見水と油のように見える。しかし、方法は違っても、二人が目指す先は不思議なくらい同じだった。

それは、一歩を踏み出す個人をつくること。そして、自分たちの手で会社や仕事をもっと楽しくすることである。

2016年9月。26社120人の若手が六本木一丁目にあるNTTドコモのイノベーションビレッジに集まった。若い力で、もっと会社を良い場所にしていきたい。熱気あふれる若手の集結を、メディアがこぞって取材した。

「26社の若手が仕掛けるイノベーション」
「第二の労組か救世主か?」
「若手が集まっただけで何ができる?」

これまでONE JAPANを紹介する記事には好意的なものもあれば、批判的なものもあった。

あの日から2年。ONE JAPANは大きく成長した。現在の参加企業は50社。活動への参加人数は1200人にのぼる。

ONE JAPANを運営するにあたって、濱松が何より重要視したのは、「心理的安全性」が保証された場にすることだ。前例のないことに挑戦しようとすれば、失敗する可能性もある。ONE JAPANは、メンバーにとって失敗が許容できる安全な場所でなくてはならない。

この「心理的安全性」を確保するために、ONE JAPANでは、会議でみんなにまんべんなく話してもらうことや、初めての人を全員で迎え入れることなどに注力している。外部講師を呼んで共通言語を増やすことも意識している。

若手が安心してチャレンジできる場であるONE JAPANでは、社の枠組みを超える共創が次々と生まれ、事業化まで進むケースが相次いだ。ONE JAPANメンバーによるコラボレーションをCEATEC（シーテック）やSXSW（サウス・バイ・サウスウエスト）で発表する機会もあった。自治体や省庁を巻き込んだ取り組みもスタートしている。若者による提言を行ったことがきっかけで、経済同友会とONE JAPANメンバーとの公開フォーラムも実現した。

これらの共創や提言がたった2年のうちに行われたのだ。結成当時には賛否両論だったメディアの論調も変化し、「ＯＮＥ ＪＡＰＡＮは、これから様々なイノベーションを起こすのではないか」と期待が高まっている。

「確かにこれだけの規模の会社と若手の数が集まれば、アウトプットを出さなくてはいけないという想いもあります。そして実際、ＯＮＥ ＪＡＰＡＮの目的のひとつも、社を超えたオープンイノベーションの実践です。でも……」

と、濱松は続ける。

「私がＯＮＥ ＪＡＰＡＮを続けていて一番嬉しいと感じるのは、メンバーがＯＮＥ ＪＡＰＡＮで得た気づきを社に持ち帰り、実践して、彼らの会社員人生に良い変化が生まれたと聞く時です」

先日も、こんな報告があった。

「ＯＮＥ ＪＡＰＡＮで共有されたベストプラクティスを実践したら、社内の障壁を突破できて、新規事業の企画を通すことができた」

こういった話を聞くと、濱松の目頭は熱くなる。

一歩踏み出し、会社を動かす人になる。

社内外のリソースを最大限活用し、新たな価値を生み出す。
それが、濱松やONE JAPANが思い描く、DOERの姿だからだ。
アホなくらい合理的じゃない。でも、誰も挑戦してこなかった道。
彼らは、これからもその道でチャレンジし続ける。

BEST PRACTICE

批評家に何を言われても、社内外に仲間がいればどこまでも行ける

第５章
共有し、共創する

課題解決やイノベーションのヒントは、
社外とのつながりで生まれることも多い。
会社の枠を超えてアウトプットを
創出するための考え方、動き方とは？

「熱気」は必ず冷める。その前に成果として「アウトプット」しなければならない

NHK 神原一光

ONE JAPANの旗振り役

ONE JAPANには2つの柱がある。

ひとつは、会社の壁を超えたコミュニケーションの場として機能すること。これはオープンイノベーションのための土壌づくりともいえる。

もうひとつは、それらのつながりと土壌を活かして実際に協業やオープンイノベーションを進めていくこと。

ONE JAPANで後者の必要性を強く主張し、メンバーの先頭に立って旗振りしているのは、NHKの神原一光である。

局では、ディレクターとして「NHKスペシャル」のシリーズをはじめ数多くの新番組を立ち上げてきた。ONE JAPANでは、メディア・クリエイティブを担当する幹事だ。

神原は1980年生まれ。テニスのジュニア日本代表として世界各地を転戦し、

かんばら・いっこう●1980年東京生まれ。早稲田大学人間科学部スポーツ科学科卒業。2002年NHK入局。ディレクターとして、静岡局、青少年・教育番組部、大型企画開発センターを経て、18年6月より2020東京オリンピック・パラリンピック実施本部副部長。12年局内で「ジセダイ勉強会」を立ち上げ。16年12月よりONE JAPANに参加、幹事を務める。

学生時代には早稲田大学の庭球部に所属した。3年生の時に関東学生でシングルス、ダブルスとも優勝。4年生の時には早稲田を8年ぶりの学生日本一に導いた。その一方で、早稲田大学のスポーツを応援する学生メディアプロジェクト『Waseda Will Win』を仲間と立ち上げた。

講義にも真面目に出席し、新サークルまで立ち上げる「行動」の人。彼の原点には、元サッカー日本代表、中田英寿氏の言葉がある。「サッカーだけの人間にはなりたくない」と文武両道を貫こうとした中田に影響を受け、「テニスだけの人間で終わりたくない」と、様々な場面で戦える〝筋肉〟を鍛えた。

「初回」で圧倒的な話題をつくれているか

ONE JAPAN代表の濱松とは、3年前に知り合った。

神原には、34歳の時に書いた『会社にいやがれ!』(ディスカヴァー・トゥエンティワン)という著書がある。起業や独立がもてはやされる世の中の風潮に違和感を抱いた神原が、「会社にあるリソースを使い倒し、会社員をもっと楽しむべきだ」と主張した、若手社会人向けの本だ。だから、ONE JAPANに集まるメンバーが「大企業のリソースを生かし、自分たちの手でもっと会社と仕事を面白くしていこう」と主張していることに共感できた。

実はONE JAPANの立ち上げにNHKも参加しないかと声をかけられていたが、実際に神原がONE JAPANに合流したのは発足から3カ月遅れの2016年12月のことだった。

「立ち上げメンバーにならなかったのは、メディアで働く人間として、いったん公平な立場でこの活動を見極めたいと考えたためです。けれども第1回の総会イベントを見て考えを改めました。『メディアもただ問題を伝えるだけではなく、当事者として社会の問題解決に取り組んでいくべきではないか』と思い直したからです」

神原が、ONE JAPANに参加を決めた理由はもうひとつあった。第1回総会で26社120人の参加をアピールしたONE JAPANの「この先のアウトプットの構想」が明確ではないと感じたからだ。

「横のつながりをつくって、なんでも話し合える環境をつくる。その後、オープンイノベーションの可能性を探っていく」と話す濱松と大川だったが、その話を聞いて神原は直感的に「このままでは、まずい」と思った。

「活動のインパクトが弱いと思ったんです。環境をつくり、みんなで可能性を探れれば、きっと何か生まれるはずだというのは、少し甘いのかなと。アウトプットの期限が決まっていなければ、半ば永遠に可能性を探ることができてしまうわけですから。ベンチャー経営者やNPOで社会を変えたいと思っている人たちに比べたら、切迫感に欠けると言われてしまっても仕方ない」

実際、ONE JAPANを紹介した記事の中には「ただ、若手が集まっただけで何ができる?」「サークルの延長だ」などと厳しいコメントも寄せられていたところだった。

ONE JAPANには、日本を代表する大企業の若手が集まっている。大企業をもっと面白くしたい、イノベーションを起こしたいという「熱気」がある。けれども、次の一手を打たずに「カタチ」にできなかったら、それは「熱気」だけで終わってしまうと神原は考えた。

注目が集まっているうちに、インパクトのある取り組みを次々と発信する――。例えるなら、デビューしたばかりのアーティストが音楽チャートで初登場1位を獲るくらいの話題性がないといけない。

この神原の主張は、仕事での経験に裏づけられていた。彼が手がけてきた新番組がレギュラー化できる場合とできない場合を比べた時、「初回」で圧倒的な話題をつくれたかどうかが分かれ道になると痛感してきたからだ。

企画が通らず、追い詰められていた新人時代

神原が新卒でNHKに入局したのは2002年。最初の配属先は静岡放送局だった。NHKは1年目からディレクターを任される。

神原は、大学時代に大勢の学生スポーツ選手を取材してきた。だから社会人になっても、ある程度のスタートダッシュを切れるのではないかと考えていた。しかし、入社早々、その取材経験は所詮学生レベルに過ぎなかったことを思い知らされる。いくら企画書を書いても一向に通らない。取材をしても「内容が薄い」と言われる。

すっかり自信を失った神原は、上司にこう聞いたことがある。

「僕は、同期のディレクターの中でランキング何位ですか?」

「今考えると恥ずかしいのですが、当時は真剣に悩んでいたんです。でも、上司には『そんな質問すること自体、相当追い詰められているな。仕事にはスポーツのような明確なランキングなんてない。答えがひとつではないのがメディアの世界なんだ』と諭されました」

スポーツと仕事は違う。評価の基準も成果の出し方も違う。神原が最初に受けた社会人としての洗礼だった。

この静岡放送局時代、神原は好きな番組を録画して、その内容をノートに書き出す〝自主練〟を行った。ゲストの発言、テロップ、ナレーション原稿、スタジオの進行……。全てを書き起こすことで、視聴者がどのポイントで感動するのかを可視化した。相変わらず企画書は通らなかったが、諦めずに書き続けた。

戦略としての社内勉強会

2008年、神原は、静岡放送局から東京の制作局に異動となる。そこで彼は話題になった番組をつくった先輩をつかまえては、その番組がどのようなプロセスでできたのかを聞いて回った。番組をつくるために必要なのは「人」「モノ」「カネ」そして「期間」である。成功した番組のプロセスを分解することで、ゴールをイメージして番組を考える習慣がついた。

しかし、実際に自分が番組をつくろうとすると、壁にぶち当たる。中でも大きいのが「人」の問題だった。同世代や年下の面白い人たちを番組に呼びたいと思っても「一般的に知られていない」「実績がない」と言われてしまう。局内にもっとつながりがあれば、人間関係で信頼してもらうこともできたかもしれないが、当時の神原には、その人脈もなかった。

・自分が「面白い」と思う同世代をキャスティングしたい
・局内で仕事がしやすくなるような人脈をつくりたい

このような悩みを抱く仲間が局内に数多くいることを感じていた神原は、それを解決する手段として勉強会の立ち上げを提案した。仕組みはこうだ。

社外で面白い活動をしている人、社会の課題解決をしている人をＮＨＫに招き話をしてもらう。参加するＮＨＫのメンバーは、メディアの人間として旬の一次情報に触れられるだけではなく、番組のキャスティングやネタ探しの場にもなる。

一方、勉強会に登壇する人にとっては、企画になるかどうかわからない時点で番組ディレクターからのヒアリングに時間をかけて対応するよりも、一気に何十人ものメンバーに向かって話ができるのがメリットだ。

しかも、この場から企画が生まれ、若い世代の情報を発信できれば、視聴者にNHKをもっと身近に感じてもらえることにもつながる。

三方にメリットがあるこの勉強会の立てつけを、神原は「部署間を横断する勉強会に予算をつける」と張り出された社内公募の枠に提案する。

このプランを一緒に考えたのは、静岡放送局時代の仲間だった。東京と違い、地方局は上から下まで100人くらいの組織。その時代の同期や先輩後輩は、密度の濃い熱い時間を過ごしたメンバーである。その当時のメンバーに「勉強会を立ち上げたい」と相談したところ、番組制作の部署だけでなく、人事や編成といった部署に在籍する仲間たちも、こぞって賛成してくれた。名前は「ジセダイ勉強会」と名づけた。

会社に仲間をつくりたいと相談に来る若手に会うたび、「入社1年目の配属先のメンバーを大事にするといい」と神原が言うのは、この時の経験がある。

会社に応援してもらうための3つのメリット設計

勉強会は1カ月半に1回。平日の夜か、ランチ時間に開催する。夜の時間に開催するメリットは時間を気にせず話を聞けること。一方でランチタイムに開催すると、子育て中の職員や時短勤務の職員が参加しやすくなる。

これまでに勉強会に招いたのは、クリエイター・エージェント「コルク」代表の佐渡島庸平氏や、認定NPO法人フローレンス代表の駒崎弘樹氏、評論家の宇野常寛氏など、日本の未来を担う同世代。その後の番組出演にもつながっている。

元プロ陸上選手の為末大氏は、この勉強会がきっかけでNHK入局式のゲスト講演者に招かれ、映画『君の名は。』の国民的ヒットで知られる映画プロデューサーで作家の川村元気氏も、処女作『世界から猫が消えたなら』がNHKでラジオドラマ化された。

神原いわく、有志団体の活動を会社に応援してもらうためには、以下の3つの要素のうちのどれかを満たす必要があるという。

1つ目は、本業に良い影響を与えていることが証明できること。「ジセダイ勉強会」の場合は、ここが強い。実際にこの勉強会がきっかけで成立した企画も多い。ベンチャー企業経営者や社会起業家など、重要な活動をしている若者を発掘する場としても機能している

2つ目は、人材と採用面。この勉強会をやっていることが、採用活動にプラスになっていたり、離職率を下げている場合は、活動が応援されやすい。「ジセダイ勉強会」でも、内定者や新人の参加を促している。

そして最後は、株主や生活者に対してのブランディング。この活動が企業イメージを上げるものであれば、会社は反対しない。若手が組織を横断して積極的に動き、魅力的な番組制作につながっていることは、「お堅い」イメージの強いNHKの印象を変える。

本来、1つ目の本業への貢献の大きさを考えれば、「ジセダイ勉強会」が2つ目、3つ目の要素まで追求しなくてもいいかもしれない。

しかしなぜ神原が3つを同時に追求しようとしたかというと、有志団体の運営は、プロスポーツチームの経営と同じだと考えたからだ。常に勝たないとチーム

の経営ができないのであれば、優勝できないチームは破綻してしまう。経営側は、チームが勝っても負けても存続できるように、スタジアムとしての収益確保やファンとの関係性を絶えず構築している。

これを「ジセダイ勉強会」に置き換えると、勉強会の活動が具体的なアウトプットにつながらない時期があったとしても、局内の若手の人的交流が進んでいると説明できれば活動の妥当性が担保されやすい。勉強会を存続させていくための指標を複数にすることで、セーフティネットをつくったのだ。

社内公募の予算はもともと半年間の活動にしかついていなかったが、こうした実績から「ジセダイ勉強会」は特例として次年度以降も予算を獲得した。以降、予算獲得を毎年繰り返し、今年7年目を迎える。

大企業の若手中堅社員1600人の声

話をONE JAPANに戻そう。

このように、NHKで目に見えるアウトプットを出してきた神原だからこそ、当時ONE JAPANが掲げた「オープンイノベーションの種を探ろう」といったビジョンを生ぬるく感じた。

できるだけ早く社会的インパクトを創出し、それがメディアに取り上げられるようにしよう。メディアに好意的に紹介されれば、ONE JAPANのメンバーも社内で認められやすくなるし、活躍しやすくなるはずだ。


そう主張した神原がONE JAPANで最初に手がけたのが、大企業に勤めている若手が集まっていることを活かして、社会への問題提起を行うことだった。それが、大企業の若手中堅社員の「働き方意識調査」だ。

調査の設計・分析には、ONE JAPANに参加する朝日新聞や野村総研のメンバーがあたり、それぞれの専門分野を活かした。

第1回は、「兼業・副業」と「介護」についての調査提言を行った。調査に参加したのは1600人。このような大規模で、しかも大企業に勤める社員だけでセグメントされた純度の高い調査はほかに例がない。

テーマ設定にも狙いがあった。

その年の流行語にもなった「働き方改革」の文脈に乗せ、政府が国を挙げて取り組む課題に対する調査を先回りして実施。こういった調査提言はニュース性もあり、メディアも取り上げやすい。また、ONE JAPANのユニークネスを活かした調査なので、同時にONE JAPANの存在感を高めることもできる。メディアで働く神原ならではの提案だった。実際、この働き方意識調査は「若手社員は生涯1社で働くのはありえないと考えている」などと各メディアで取り上げられ、ONE JAPANの知名度のアップにも貢献した。

当初は予定していなかったが、この調査のローデータもONE JAPANの参加団体に共有した。調査が話題になったので、参加企業から「うちの会社の社員が何を考えているのか知りたい」といった要望が集まったからだ。

こういったデータは、参加メンバーが会社で新しい物事に取り組む時の「裏付け」にもなる。それだけではなく、調査に参加した会社にもメリットを提供することができる。このデータがあれば、自分たちの会社の社員の志向が、ONE JAPANのほかの会社の社員と比べて、どのような傾向があるのかを知ることができるからだ。この情報提供は、各団体がONE JAPANに参加することによって得られる会社のメリットとして機能した。

意識調査はその後も続けられ、第2回は「イノベーション」と「子育てのリアル」について調査し提言を行った。

ＮＨＫが知る「社会課題」を各社に解決してもらいたい

神原が進めたのは意識調査だけではない。有志活動で結果を出すためのチェックポイントとして、ＯＮＥ ＪＡＰＡＮ参加企業の有志団体の運営ノウハウを17のＴｉｐｓに落とし込み、法則化した（２２３ページ）ほか、地域課題を解決する取り組みを進めるため、人口減少に直面する横須賀市とＯＮＥ ＪＡＰＡＮのコラボレーションの橋渡し役も務めた。

さらに経済同友会との意見交換も行い、この夏には、ＯＮＥ ＪＡＰＡＮと共同で公開フォーラムの開催までにこぎつけた。

後述するが、東芝の金子祐紀（１８８ページ）が開発した「コエステーション」を、難病患者のＱＯＬ向上に結びつけられないかと提案したのも神原だ。

日々の取材の中でＮＨＫには日本中の社会課題が集まってくる。

一方で、ＯＮＥ ＪＡＰＡＮに参加している会社は、自分たちが持っている技術やサービスで社会課題を解決したい会社だ。

神原は言う。

「ＮＨＫが知る社会課題の視点をＯＮＥ ＪＡＰＡＮに参加する会社にお伝えし、各企業の課題解決ビジネスのヒントにしてもらえたらと思っています。公共的なアプローチをするＮＨＫだからこそ、ＯＮＥ ＪＡＰＡＮに貢献できる余地があるのではないか」

もちろん、ＯＮＥ ＪＡＰＡＮに参加することで、メディアとして得られるメリットも大きい。

「例えば『大企業の製造業は落ち込んでいます』という調査を伝える時に、顔の見えない誰かを想像しながら書くのと、実際に働いている人を思い浮かべながら書くのとでは、記事の手触りが全く違います。今、大企業の若手が何を考えているのか、この『空気感』を感じられる場にいられるのは、僕らの仕事でも、とても重要なことなんです」

「ずっと刺激受けてろよ、ずっと複雑になってろよ」

神原が先陣を切って進める「ＯＮＥ ＪＡＰＡＮでアウトプットを出そう」という動きに対しては、内部にも温度差がある。特に重工系、製薬系の企業にとってのオープンイノベーションは10年単位の時間がかかる。一朝一夕で進められるものではないといった戸惑いを感じるメンバーがいたのも事実だ。

一方で、メディアや広告代理店、メーカーといった企業は、スピード感のあるアウトプットが創出しやすく、オープンイノベーションやコラボレーションに積極的であることが多い。

ただ、どのような職種であれ、ＯＮＥ ＪＡＰＡＮの全員が共通言語として持っているのは「ＤＯＥＲ（実践する人）であれ」という思想だ。何か行動した人に対して、感想や批評を述べるだけではなく、実際に思考して手足を動かす実践者になろうという意識は、全員が共有している。

２０１８年４月14日の夜、月に一度のＯＮＥ ＪＡＰＡＮ代表者会議の前夜に、神原はこんなツイートをしている。

〝「刺激を受けた」とか「複雑な気持ちになる」って言葉よく聞くけど「楽しかった」とか「考えないといけない」と同じくらい、世の中にも自分にも、何の意味ももたらさない言葉だってことわかってんのかな。ずっと刺激受けてろよ、ずっと複雑になってろよ、と思うね。うん。〟

時にONE JAPANのメンバーを叱咤激励しながら、自ら率先してDOERの背中を見せ続けているのが、神原である。

BEST PRACTICE

可能性を「探る」ことはいつまでもできてしまうから、早い段階でインパクトをデザインする

大企業×大企業のイノベーションはたった1つの投げかけで起こせる

東芝
金子祐紀

画期的なアイデアほど気軽な会話から生まれる

ＯＮＥ ＪＡＰＡＮでは、現段階ではオープンにできない案件も含め、日々、会社間のコラボレーションの芽が生まれている。

担当者同士が顔合わせをした段階、企画が社内で通った段階、キックオフした段階、ＮＤＡ（秘密保持契約）を交わした段階、開発がスタートした段階、ローンチ間近など、フェーズは様々だが、驚くほど多くの協業やオープンイノベーションが進んでいる。

会社と会社が協業する場合、それが大企業であるほど、実現性の高い提案でなければ俎上《そじょう》にすらのらないことが多い。お互いのリソースを投入するのだから仕方ないのだが、この方法が日本の協業やオープンイノベーションを阻害しているのもまた事実だ。商品やサービスが8割以上の完成度となった時点でアプローチをすると、どうしても画期的なアイデアは生まれにくい。

確度の高い案件で協業を探るのが、大企業同士のコラボレーションの方法だと

かねこ・ゆうき●1980年千葉県生まれ。埼玉大学大学院理工学研究科修了。東京大学 大学院 協力研究員。2005年東芝入社。コアテクノロジーセンター、TVの商品企画部門、コーポレートの新規事業開発部を経て、現在のRECAIUS事業推進部。15年4月に社内の有志団体「OPEN ROOTS」を立ち上げ。16年9月よりONE JAPANに参加。

したら、ＯＮＥ ＪＡＰＡＮで生まれている協業の芽は、その手前段階でアイデアを交換するといったカジュアルなものが多い。「心理的安全性」が担保された集団では、アイデアレベルの会話を気軽に交わすことができる。

そのざっくばらんな会話がきっかけで、次々と協業が決まった例がある。東芝の音声合成技術を活用した新しいサービス「コエステーション（以下、コエステ）」と、ＯＮＥ ＪＡＰＡＮの各企業のコラボレーションだ。

自社サービスを紹介した翌日、コラボが決まる

コエステは、社内に眠る技術を事業につなげるための開発部署で、ゼロから立ち上げたサービスだ。東芝内の有志活動「ＯＰＥＮ ＲＯＯＴＳ」の創立者である金子祐紀が、この開発を主導した。

コエステのスマホアプリを使えば、いくつかの原稿を読むだけでその人の声の特徴を学習し、その声に近い合成音で様々な文章を読み上げられる。

このサービスを使うと、自分の好きな声優の声でカーナビを読み上げたり、自

分の好きな人の声を登録し、その声でニュースを読み上げたりといったことも可能になる。

それまでの自動音声とは全くレベル感の違うなめらかな音声と、最短10文の原稿を読み上げるだけで完了する簡単な声の登録が話題となり、一気に認知を広めた。

このサービスがアプリとして一般に公開されたのが2018年4月。しかし、その一般公開に先駆けて、金子はONE JAPANのメンバーにコエステの仕組みをお披露目した。

「声優さんの声の合成音や東芝の開発メンバーの小学生の息子の声の合成音を聞いてもらい、このサービスの使い道についてアイデアを募りました。驚いたのは、すぐにいくつもの会社から声をかけてもらったことです」と金子。

話をしたその日のうちに、ONE JAPANに参加していた朝日新聞の安藤翔一から打診があった。朝日新聞の記事読み上げアプリ「アルキキ」に、コエステーションの技術を活かせないだろうかという話だった。

アルキキユーザーから「記事の読み上げを好きな声で聞きたい」という要望をたくさんいただく。好きなアイドルや声優、子どもや孫の声でニュースを読んでもらえたら、ユーザーに喜ばれるのではないかと相談された。

当時、富士ゼロックスの「わるだ組」とマッキャンエリクソンの「マッキャンミレニアルズ」の間で進んでいたマインドフルネスを推進するロボット「SHIRO-MARU」の制作チームからも声がかかった。「SHIRO-MARU」は、脳波を計測しながら、人を瞑想状態に導くロボットなのだが、「呼吸をゆっくり深くしましょう」といった言葉が、どうにも人工的なのがネックになっていた。この声を、コエステの技術でより人間らしい声にしたいとの希望だった。

この2つの試みは、すでに実装が済んで、コエステの活用例として紹介されている。

金子がONE JAPANでアイデアを募ってから、プロトタイプを開発し展示会でお披露目するまでに2カ月。このスピード感でコラボレーションが決まったのは、お互いの信頼関係があってこそのことだった。

会社とのコラボレーションではないが、コエステの技術を、ＡＬＳ患者の支援に使えないかといった相談もＯＮＥ ＪＡＰＡＮのメンバーから受けた。ＮＨＫ神原からの提案だった。

ＡＬＳ（筋萎縮性側索硬化症）は、手足・のど・舌の筋肉や呼吸に必要な筋肉が徐々に痩せ、運動機能が低下していく病気だ。病気が進行すれば、手足を動かせなくなり、最終的には声も出せなくなってしまう。

神原は以前、ＡＬＳ患者の支援活動を取材したことがあった。だから患者の声をあらかじめコエステに登録して保存すれば、声が出なくなってからも、自分の声を使ってコミュニケーションができるのではないか、と考えたのだ。

金子は神原を通じて、ＡＬＳの支援団体の代表で、本人もＡＬＳの当事者である武藤将胤《まさたね》さんを紹介してもらった。武藤さんはＡＬＳを発症して3年。もうすぐ自力では声が出せなくなってしまうという。

紹介を受けた金子はすぐに、コエステを使って武藤さんの声を保存した。キーボードやスマホで文字を打つと、武藤さんの声で会話ができる。

さらに金子は、以前からの知り合いであった慶應義塾大学で脳波の研究を進める満倉靖恵教授を武藤さんに紹介した。いずれ手が動かなくなった時にもコミュニケーションが取れるように、視線や脳波で意思を汲み取る研究を進める大学や企業と共に、テクノロジーでの解決法を模索している。

ＯＮＥ ＪＡＰＡＮを起点としたつながりが連鎖し、大きな広がりになっていることを、金子は実感している。

50社のリソースを50社の課題にぶつける

東芝『ＯＰＥＮ ＲＯＯＴＳ』の代表、竹中花梨はＯＮＥ ＪＡＰＡＮのネットワークの特徴についてこう語る。

「ＯＮＥ ＪＡＰＡＮでは、最初の出会いが会社対会社ではなく、個人対個人。仕事を介さない分、距離を縮めやすい。お金になるかどうかよりも、一緒に何かできないかという発想から始まるから楽しいし、スピード感も速い」

同じくメンバーの武田知弥は、金子らの投げかけに対して各社から続々とコラボレーションアイデアが寄せられることに興奮を覚えたと言う。

「自分たちの技術はこんなシーンで使えるのではないかということは、もちろん社内でも話し合います。でも、それはやはり想像して考えるしかないから限界がある。けれどもONE JAPANでは、1つの投げかけをすれば50社の人がそれぞれの立場でリアクションをしてくれます。50社それぞれの会社が持つリソースを、50社の課題とぶつけたら、その数だけイノベーションが起こる可能性がある。そのことにワクワクしました」

自社の技術が、他社の課題を解決することもある。その思いつきを、ONE JAPAN内であれば、気軽に壁打ちしたり、試したりすることができる。このつながりは、この先ますます多くの協業に発展していくことだろう。

BEST PRACTICE

気軽に思いつきを話せる社外の仲間がいれば協業の芽は生まれやすい

会社が協力し合えば日本のものづくりは根底から変わる

ONE JAPANハッカソン　富士通研究所
角岡幹篤

第5章　共有し、共創する

来場者600人の壇上に躍り出た男

2017年4月15日、ONE JAPANの第3回総会。600人が集まったその会場で、突然、壇上に〝乱入〟してきた男がいた。富士通研究所の角岡幹篤だ。

総会では、「これから自分がやりたいこと」を書き出すワークショップが行われていた。司会進行をしていたONE JAPAN共同代表富士ゼロックスの大川が「誰か、自分のやりたいことを発表したい人はいますか?」と聞いた時。会場の中ほどから、「はい!はい!」と大きな声を上げて大川に近寄ってきたのが、角岡だった。大川からマイクを受け取った角岡はその勢いのままステージの上に立った。プレゼン用のパソコンにつながれていたHDMIのケーブルを抜き、自分のパソコンに接続する。パソコンの横にいたスタッフがあっけにとられているうちに、角岡の演説は始まった。

「私がやりたいのは日本にイノベーションを起こすことです。そのためには」

角岡はスライドをめくった。

すみおか・もとし●1981年兵庫県生まれ。京都大学大学院情報学研究科修士課程修了。2005年富士通研究所入社。神経生物学、認知心理学、コンピュータビジョンなどを研究。17年4月よりONE JAPAN参加。同年8月「ONE JAPANハッカソン分科会」の立ち上げに成功。

〈入山章栄先生：イノベーションには『知の深化』と『知の探索』が必要だ〉

〈岡島悦子さん：打席に立ちなさい。打席に立たないと、絶対に打てない〉

スライドにはその日の基調講演でＯＮＥ ＪＡＰＡＮのメンバーたちが感銘を受けた言葉が並ぶ。予想もしなかった展開に、会場は沸いた。

最後の１枚には、

〈日本中でハッカソンをやろう。各社が他社を招こう。一日の共同開発は、一度の飲み会よりずっと効率的であるはずだ。きっと、日本を成長へと導くだろう〉

と書かれていた。

角岡の仲間である亀山、武内、宮崎たちが、一斉にビラをまき始めた。そこにはハッカソンの開催方法を伝授するキックオフミーティングが１カ月後に開かれると書いてある。興味を持つ人々がビラを受け取っていく。

満場の拍手喝采の中、角岡たちの〝ＯＮＥ ＪＡＰＡＮ総会ジャック〟は成功した。

のちにＯＮＥ ＪＡＰＡＮのフラッグシップとなる「ハッカソン分科会」の船出。この日、一人の強烈なＤＯＥＲ（実践する人）によって、賽は投げられた。

研究職の「難しさ」

初期のONE JAPANハッカソン分科会を牽引した角岡らは、富士通研究所のメンバーだ。

ハッカソンとは、ハック（Hack）とマラソン（Marathon）を掛け合わせた造語であり、短期間に集中してソフトウェアやハードウェアを開発するイベントを指す。テーマは、家の小物の開発から社会課題の解決まで様々。参加する人も、ビジネスマンからエンジニアからデザイナーなど多様だ。彼らは、ハッカソンの名前がまだ日本でほとんど知られていなかった頃から、社内でハッカソンの重要性を訴え、企画立案し、運営していた。

角岡は、2005年、研究職として富士通研究所に入社した。入社してほどなく、彼は研究職の「難しさ」に気づく。

そもそも新しい技術を生み出す研究は難しい。その難しさについてはある程度角岡も予想していた。想定外だったのは、会社の状況に合った研究をすることの難しさだ。どんなに新しい技術を開発しても、それを生産・運用する事業部門がなければ、社会に活用されない。しかも会社の状況と社会のニーズが必ずしも一致しているわけでもない。社会的ニーズが存在し、それを捉える事業部門が存在し、その上ではじめて技術開発が成功する。ピンポイントでタイミングが合わなければ、その技術は市場に出ないままお蔵入りしていく。早すぎたり、遅すぎたり。会社には、そうして未活用になったままの技術が多くあった。

研究開発そのものの難しさについても、もう少し改善できるのではないかと感じた。多様な専門家がいるにもかかわらず、秘密情報が多い研究所では、2列隣の研究者が今何を研究しているのかを知る機会もあまりない。秘密以外の部分について情報交換するだけでも、新しい化学反応が起こるのではないか。

上記2つの課題を解決する策としてハッカソンにたどり着いたのは、シリコンバレー留学をしていた先輩が、その手法を学んできたからだ。人材の交流はもちろんのこと、技術の事業化提案の機会として良い手法だと思った。

有志で定期的に開催していた社内ハッカソンは次第にその活動を評価され、第3回で社内表彰を受け、4回目からは人材開発の公式プログラムに組み込まれた。

同僚の板崎輝をはじめ数十人の仲間が次々と人をつなぎ、伊藤真紀子が膨大な物品の管理を進めた結果だ。その後角岡たちが進めるハッカソンは、新規ビジネスに貢献する成果も生み出すようになる。運営ノウハウもたまり、社内や他社のハッカソンの運営にも、その知見を提供できるようになった。

この活動を続けるうちに、ハッカソンを牽引してきたメンバーたちは、より高確率でイノベーションに至る方法があるのではないかと考えるようになった。日本中の会社を巻き込んでハッカソンを開催することができたら、思いもよらない組み合わせのイノベーションが生まれるのではないか、と思ったのだ。ハッカソンの文化を日本中の大企業に根づかせたい。そして、技術や素材を上手に融通し合い、効率的に共創できる社会をつくりたい。

角岡たちが描くビジョンはとてつもなく大きい。実現したら、日本のものづくりのあり方が根底から変わるだろう。

「素材集め」がアウトプットの質を左右する

なぜ、社の枠組みを超えたハッカソンが日本のものづくりのあり方を根底から変える可能性があるのか。それを知るためには、ハッカソンの仕組みを説明する必要がある。カギになるのは、ハッカソンに提供される素材だ。

一般にはあまり知られていないことだが、ハッカソンでのアウトプットを高品質にするために重要なのは「素材集め」だ。美味しい料理に新鮮な素材が不可欠なように、よいアウトプットができるハッカソンには、よい素材が必要なのだ。

ここでいう素材とは、その会社固有の技術や、有形無形の会社の資産を指す。

通常、複数社が参画するハッカソンでは、既に一般向けに提供された製品や、公開済みの技術を集めて素材として提供することが多い。権利関係の取り扱いが複雑になるため、新技術や非公開技術を提供することが難しいのだ。シリコンバレーですらほとんど例がない。

しかし、角岡らが開催するハッカソンでは、多数の会社が同時に、各社の強みである技術と、新技術を出すことにこだわった。しかも、参加者がパソコンでアプリケーションを実装できるくらい具体的な情報を出せるよう協力を依頼した。

人材の流動が少ない日本でシリコンバレーを超えるイノベーションを起こすには、シリコンバレーよりも積極的に会社同士が協力しなければならない。会社の枠組みを超えて、価値の高い素材が提供される文化が日本に定着すれば、それだけ旬で価値の高いサービスやアプリが生まれる可能性が高くなる。失った国際競争力を取り戻すことができるかもしれない。そう考えたからだ。

ONE JAPANを共創の場に

その一歩を踏み出す共創の場として、ONE JAPANは格好の場だった。熱量の高い若手が集結している。しかも、会社の枠組みを超えたオープンイノベーションをミッションに謳っている。ONE JAPANでもハッカソンを開催したいと聞いた時、角岡はその分科会のリーダーをさせてくれないかと願い出た。そして、一社でも多くの会社にハッカソンを認知してもらい、参加してもらいたいという一心で、冒頭の〝総会ジャック〟にたどり着いた。

「ＯＮＥ ＪＡＰＡＮに参加する会社が合同でハッカソンを行えば、これまで日の目を見なかった技術が再評価されイノベーションにつながるかもしれない。価値の高い素材を使って各社が共創に乗り出せば、失われた20年を取り戻すこともできるかもしれない。ＯＮＥ ＪＡＰＡＮがハッカソンを行う意義はそこにある」

角岡は、参加者にそう説いて回った。

できるだけ多くの会社から素材提供を受けたい。そのためには、この大義をまっすぐに伝え、各自が各社の担当者を説得するしかない。角岡はキックオフミーティングでそう説明した。

角岡自身も私欲や自社の利益のためだけにやっているわけではないことを表明し続けた。その覚悟を示すように、角岡は、富士通研究所から５００万円のハッカソン運営資金を取りつけてきた。予算があればプロトタイプやモックアップがつくりやすくなる。さらに、富士通のＡＩ部門の協力を得て自社のＡＩ技術を提供。自社ハッカソンで使用する際に許諾を得た１００種類のガジェットやセンサもそのままＯＮＥ ＪＡＰＡＮのハッカソンで使用できるように社を説得した。

それだけではない。知財部門が精査を重ねて作成した「共創時の知財ライセンスの取り扱いについて」の書面を各社に無償で提供した。これがあれば知財部門へのアプローチは格段に楽になるし、ハッカソンで出たアイデアが実現する確率もぐっと上がる。

角岡の「本気」に、各社も「本気」で答えた。

富士ゼロックスではメンバーの働きかけが実り、全国のコンビニで稼働中のネットプリントサービスと連携するための仕様を、期間中だけ特別に開示してくれた。ハッカソンへの参加1日を業務扱いにする全社決定も下りた。ミサワホームはハッカソンの会場として住宅展示場を提供。参画した新聞社は自社のSNSデータを提供した。関連団体からの技術提供という形で素材提供に踏み切った会社もある。また、ONE JAPAN参加企業ではないが、この活動を意気に感じた四国の造船会社が船を素材として提供した。

2017年の7月、第1回ONE JAPAN主催のハッカソンを富士通研究所内で開催された。どの企業の参加者にとってもなじみのある「家族」の課題解決をテーマにした。

1回目は金曜日の業務時間中に設定。ONE JAPANのメンバーには学会や展示会などと同じ扱いにしてもらうことをすすめ、業務で出られるように、目的や仕立てに工夫を行った。その結果、約半数の者が業務として参加することができた。ハッカソンへの参加希望者は数日で100人を超え、最終的には200人以上の参加者希望者が集まった。

富士通が主催ということもあり、富士通から60人ほど、富士ゼロックスが30人ほど、その他大企業から70人ほど、一般から40人ほどが応募していた。この中から、応募書類で強いやる気を示した人や、参加企業とスキルのバランスを考慮しつつ、抽選によって参加者を120人に絞って確定。通常このようなイベントでは、応募者の半数も出席すればよい方だといわれているが、ONE JAPANのハッカソンは全く違っていた。確定した参加者のうち、欠席者はたったの4人。参加率は驚異の97パーセントだった。

アイデア発表から3週間でカタチになる

第1回のハッカソンは、高い熱量のうちに終了する。優勝したのは、食卓に母親の味を召喚するというコンセプトでつくられた「クックリン」。これは富士ゼロックスの末田奈実がピッチしたアイデアに、8人が共感し、9人チームで臨んだプレゼンだった。

離れて暮らす末田の母親（当時65歳）は「お母さんもいついなくなるかわからないから」と最近口癖のように言い始め、末田も母がいない生活を想像するようになったと言う。母がいなくなれば、あるいは認知症などになってしまえば、まだ母から教わってない事は全て教われなくなってしまう。一般的な情報ならどこでも拾えるけれど、母の味が失われてしまうことに、えもいわれぬ寂しさを感じた末田。彼女が提案したテーマは「母の味を保存する」だった。

末田はエンジニアではなかったが、今の技術であれば「キッチンにあたかも母が召喚された」ような錯覚をつくり出すことができるのではないかと漠然と考え、ピッチでは「解決手段を考えてくれるエンジニア募集！」とアピールをした。

興味を持ってくれた一人が、電通アイソバーの上江州佑布子だった。彼女は分子調理法や栄養について興味を持ち、公私共にその分野の活動をしていた。末田のアイデアを、「母親の味を保存するだけでなく、調理の保存は文化の保存や、恵まれない地域へ栄養を残す調理法といった、世界の家族を救うことにもつながる」と、さらに広い視野の課題解決へと昇華させた。
技術的なアドバイスをしたのは富士通グループの長村一樹と西野雅之。普段からARやセンサーなどの研究に携わっていて、技術的アプローチを提示してくれた。その他、テーマに共感して集結した、富士ゼロックスおよび関連会社の太野大介、田村和也、佐藤貴亮、永瀬翔の4人のメンバー。後にロボットや工作、分析など多方面で活躍した。三菱電機エンジニアリングの人見健三郎は、末田と共にビジネスモデルの検証を行った。このアイデアは、ピッチから3週間でデモレベルまで実現し、その成果は後に、CEATECや横浜ガジェット祭りなどで発表され、メディアにも取り上げられた。

第1回ONE JAPANハッカソンで注目されたのは、末田たちの案だけではない。
その後、ハッカソンで発表されたアイデアを温め、国際的なスタートアップイベントに登壇を果たし、クラウドファンディングを成功させたチームも出ている。さらに、ハッカソンに関連した6つのチームがNEDO（新エネルギー・産業技術総合開発機構）のスタートアップ支援事業に応募するに至った。

日本のものづくりを若手から変革したい

一方で、今後への課題も残った。

ハッカソンで発表されたアイデアを、事業化に向けてドライブさせようとした時に、様々な壁が立ちはだかったのだ。

例えば、

・アイデアの推進者とそこで使用した技術の提供元が違う場合の落としどころ
・ハッカソンが終わった後に、本業ではないチームメンバーがどれくらいのリソースを割けるか
・アイデアレベルの特許取得の難しさ
・会社の時間外で行った開発成果の帰属先は法律的に当然個人となるのだが、その扱いをどうすればいいのか

など。

しかし、こういった課題を内包しながらも、ＯＮＥ ＪＡＰＡＮのハッカソン

分科会は確実に各企業に好影響を与えている。

例えば、総務の人がハッカソンに参加することで、事業を作る際に総務部門が何を手伝えるのかについて学ぶことができる。その人にとっては、ハッカソンがなければ持ち得なかった視点を持つことができる。これは大企業で生きていく中でも武器になる。

「当初から想定されていた通り、現場レベルの人が集まり社をまたいだ事業をスタートさせることには、まだまだ多くの困難があります。けれども、経験を重ねていくことで、これらは改善されていくはずです。ベンチャー企業であっても、何度も失敗を重ねて手法を改善していきます。大企業の人にも、その経験を積んでほしい。そのための実践の場としてハッカソンが機能すればいいと思います」


第2回のハッカソンは、2018年6月、東芝デバイス&ストレージの國府田遼が中心となり、川崎市と経産省の協力を得て「街づくり」のテーマで行われた。企業だけではなく自治体や省庁と組んだことがひとつの大きな成果だ。

第2回の運営チームは主としてハッカソン運営に不慣れな人で構成された。その分迷走もしたが、次第に運営チームは結束を固め、気づけば、第2回は第1回以上の協力者を獲得していた。

どの会社にもハッカソンに詳しい人材が育てば、日本中の会社が独自のハッカソンを行うこともできるかもしれない。角岡の目指す道がここに垣間見える。

「ハッカソン活動1回で、急激に何かを変えることはできないかもしれません。けれどもこの活動を続けることによって、5年以内には、ONE JAPANハッカソンから、社会にインパクトを持つイノベーションが起こることを期待しています」

その時、ハッカソンのアウトプットは「日本のものづくりを根本から変革した」象徴として、真の意味でのONE JAPANの最大の成果になるだろう。

BEST PRACTICE

日本中の会社のリソースが集まる場をつくれば、自ずとイノベーションは起きる

「2社、20代、たった2人」で新プロジェクトを志す

豊田通商　髙橋　渚
野村総合研究所　入江　眞

若手同士のオープンイノベーション

ONE JAPANでの活動がきっかけで、会社の枠を超えたひとつの新規プロジェクトが動き出した。

このプロジェクトを進めたのは、豊田通商の髙橋渚と、野村総合研究所（以下、野村総研）の入江眞。当時入社5年目と4年目の20代だった2人が、このプロジェクトのプランニングからマーケットリサーチ、ビジネスモデル構築から、プロトタイプ作成までを仕上げた。

2人が新規ビジネスを考えるきっかけになったのは、富士ゼロックスとNTTドコモが共催するイノベーション研修の体験ワークだった。そのプログラムは、72時間で起業を体験するプログラム。ONE JAPANの共同発起人大川（42ページ）らが、富士ゼロックスのリーダー研修用に設計したものだった。メインの参加者は富士ゼロックスとNTTドコモの社員だったが、「もっと多様性があった方がいい」とのことで、ONE JAPANのメンバーにも声をかけた。

たかはし・なぎさ●1989年東京生まれ。立教大学経営学部卒業。2012年豊田通商入社。コーポレート本部リスクマネジメント部を経て、14年より生活産業本部 アパレル事業部。16年6月社内の有志団体「着火部」立ち上げ。同年10月よりONE JAPANに参加。

いりえ・まこと●1990年東京生まれ。慶應義塾大学環境情報学部卒業。2013年野村総合研究所入社。証券ソリューション事業本部、証券コアシステム三部を経て18年より金融ITイノベーション事業本部、ビジネスIT推進部。社内の有志団体「Arumon」創設時より所属。16年9月よりONE JAPAN参加。

NTTドコモのイノベーションビレッジを借りて行ったこのプログラムに集まったのは6社から45人。約5人ずつのチームになって金曜日の夜から日曜の夜までの3日間で新しいビジネスを考え、最終日に投資家に向けてピッチを行う。いわゆる「スタートアップウィークエンド」形式のものだった。

ここで、高橋と入江は初めて出会い、同じチームの仲間としてビジネスプランを発表する。扱ったテーマはファッションのシェアリング。アパレル事業部にいた高橋と入江をはじめとした他のメンバーの理想のユーザー体験が一致したシェアリングビジネスが軸になった。

審査員に「需要がない」と言われて

投資家向けのピッチは惨敗だった。他のチームのプランに負けただけではなく、審査員にも酷評された。「アパレルメーカー側に、このビジネスモデルに参画したいという動機やメリットはないだろう」と判断されたからだ。

このようなビジネスコンテストは、会期中は盛り上がるものの、ピッチを終えたら「お疲れ様」で解散というケースが多い。しかし、高橋と入江は違った。審査員には実現可能性が低いと言われたが、本当にそうなのか?と疑問を持ち、実際にメーカー側にニーズを聞いてみたいと思った。女性向けのシェアリングファッションビジネスは続々立ち上がっていたが、男性向けのものはそれほど多くない。ここにも商機があるように感じた。

それぞれに実現可能性を感じていた2人は、このプランを継続して、自発的に深掘りするようになった。

それから高橋は、これまでの自身のネットワークを活用して、土日に複数のアパレルメーカーにヒアリングを重ねた。メーカー各社それぞれの状況に仮説を立てて、アイデアへの反応を聞かせてもらいながら、半年ほどの時間をかけて企画をブラッシュアップしていった。

その結果、高橋が最初に予想した通り、いくつかのメーカーはこのビジネスに関心を示し、具体的な値段や時期について前向きな返答をくれたブランドを見つけ出すこともできた。

役員に年5回の直談判

一方で、このサービスをビジネスマンに提供するためのプロトタイプアプリの開発は、入江が担当した。サービスをより具体的なものにするために、提案先のニーズだけでなく、サービス提供の対象となるユーザー層へのヒアリングも重ねた。

また、この案件を社内で通すためには、なぜこれを野村総研でやるべきか、そのストーリー設計が重要だと思った。

「野村総研は、金融に関わるビジネスが多いのですが、この分野での昨今のバズワードはデジタルトランスフォーメーションです。この言葉は社内でもキーワードとしてよく使われていました。僕は、そのデジタルトランスフォーメーションの一例が、シェアリングエコノミーなのだと説明しました。ＵｂｅｒやＡｉｒｂｎｂの例を出すまでもなく、このビジネスは世界中で成長著しい分野ですが、実は本人確認や法的信用、決算の部分で、各社苦労しています。野村総研として、その課題を解決する基礎技術を、この事例を皮切りに構築できれば会社の強みになると話しました」

ニーズがある。社の注力する分野にも沿っている、社会課題でもある。この文脈に沿った入江の提案が受け入れられた。

ビジネスプランを立てた時から1年半。ずいぶんスピード感のある進行だったのではないかと思いきや、スピード感に対しては「長かった……」と語った。同時期に考えられたビジネスプランはスタートアップ企業で実際に世の中に出ている。それを横目でみながら、上司の理解を得るためにひとつずつ手続きを踏むのは、歯がゆい気持ちもあったと言う。

一度でプランが通ったわけではない。入江は、この1年間で5回、役員に直談判をした。正式な手続きで面会をし、ダメだったら飲み会で話し、またブラッシュアップして相談する。

そこまでしても入江が根気強く粘れたのは、この先イチから事業をつくれるチャンスは、ここを逃すと20年、30年はないかもしれない。ひょっとしたら定年まで一度もないかもしれないと思ったからだ。

「サッカーの本田圭介じゃないですけど、ミラン10番が選べるなら、そりゃ取りに行きますよね。とにかくがむしゃらに食いつきました」

　この時の入江の姿を、同じ野村総研の瀬戸島（112ページ）は、「あの2人のプランには、人を突き動かすパッションがあった」と話している。金融部門の部長にとって、このビジネスは専門筋から離れた案件だ。それでもその部長に「やるしかない」と言わせたのは、入江の情熱が強かったからだ。

　何度も経営層に働きかけた入江はついに、この事業に専念できるようにと、金融ＩＴイノベーション事業本部のビジネスＩＴ推進部に異動することになった。今年からは、ミランの10番を背負う。


　入江がここまで頑張れた理由のもうひとつは、髙橋の存在だった。別の会社で上司を説得して頑張っている仲間がいることは、何よりも心強かったし、何があっても絶対に後には引かないという決意を持てた。

　髙橋は「将来的には、会社にも提案してみたい。たとえ1回の提案で難しくとも、諦めないで何度も提案し続けたい」と話していた。

　その彼女の覚悟に応えたい。入江はそう思った。

　実際、業務時間外でプロトタイプをつくるために、毎週末のように会っていた時間は週末起業のようなものだった。休日のオフィスでアプリのデザインを考えたこともあった。誰もいない屋上で、この事業の未来を語り合った。

高橋は言う。

「自分たちが考えていることは、単に自分たちがやりたいだけではなく、今種まきすることで、近い将来『これがあってよかったね』と言われるはずだと思っています。入江さんが上司を説得する時に言ったように、シェアリングエコノミーを支える技術が必要になった時、『うちの会社は、あそこで若手が気づいてよかったね』と言われたい。それを信じてやっています」

高橋は、最後に「これを、イノベーションごっこで終わらせたくない」ときっぱり言い切った。

ONE JAPANが縁となり動き出した新プロジェクト。今日も2人はこのプロジェクトをカタチにするために邁進している。

BEST PRACTICE

情熱を持ち同志がいれば、仕事はもっと楽しくできる

実例集

大企業若手 50社1200人は会社でどう動いたか

ONE JAPANに参加する日本を代表する大企業の若手社員。彼らは日々の業務でどんな問題意識を抱え、社内外でどう一歩を踏み出しているのか。

4. 参加者全員にメリットはある？

ゲスト講師、参加者、運営者。そして活動のアウトプットを届ける顧客。すべてにインセンティブがあると活動は盛り上がる。

8. 参加者の期待にこたえられた？

アンケートを回収して満足度や期待値を探っておくと、次回以降につなげやすい。

12. コミュニティ化できている？

参加者のメーリングリストを作ろう。次回の案内がダイレクトに届けられる。

16. メディアにできている？

ゲスト講師の話を聞くだけじゃなく、担当業務の宣伝告知コーナーがあったら参加しやすい。

ONE JAPANの心得 ❹ ベストプラクティスの共有

有志活動で結果を出すための手法を見える化する

ONE JAPANでは、各社のベストプラクティスを共有し、自社の取り組みに活かしている。こちらは、有志活動で欠かせない「社内勉強会の運営」について、17Tipsにまとめたもの。

起動

1. そこに強い動機はある？

差し迫った動機の無い勉強会は続かない。解決したい課題があってこそ。

2. トップとミドルはおさえている？

社長や役員、営業職が応援してくれると活動はより強くなる。

3. 部署を横断できている？

他部署の仲間が運営メンバーにいると、社内の情報も共有できるし活動の切り口も増える。

運営

5. 担当者は決まっている？

ゲストブッキング、会場、手配、参加呼びかけ、受付、ケータリング、司会進行。運営スタッフは最低５人欲しい。

6. 質疑応答は充実している？

講演と質疑応答は５：５が理想的。質疑応答からのディスカッションが実は、一番おもしろい。

7. 記録と記憶は残せている？

社内に報告、社外に発信、参加者にシェア。そのために音声・写真は必須。

展開

9. 社内で話題になっている？

社内報、ポスター、研修でのプレゼン、取締役会での報告など、社内のインフラを使い倒して認知度をあげよう。

10. 仲間を誘ってもらえている？

参加者には、１人でいいので同僚を連れてきて欲しいと伝えよう。

11. 内定者を巻き込めている？

参加者に内定者を誘うのもひとつの手。意欲が高い新人に、参加者は刺激される。

継続

13. 次回はイメージできている？

活動に燃え尽きて自然消滅しないよう、常に５回程度のテーマをリストアップしておくと運営しやすい。

14. ゲスト講師とのご縁は一度だけ？

テーマに困ったら過去のゲスト講師にヒントをもらおう。次回以降のゲストを紹介してもらえるかも。

15. お菓子、ドリンク、軽食は用意している？

みんな仕事に忙しい。でも、そこにおいしい何かがあったら気軽に集まれる。

17. ベストプラクティスは共有できている？

アイシン精機

志賀竜也

団体名 アイシンナンバーワン計画 2015年3月〜

コンセプト ものづくりに夢中な「むじゃきな子ども」のマインドを広める

早期に社外の意見を聞くことで企画の精度が上がった

「アイシンナンバーワン計画」のミッションは、部署横断でものづくりを楽しむこと。新しい技術や協業先を探せないかとONE JAPANに参加しましたが、私自身の本業に通じる様々な気づきがありました。

こういった場では他社の芝生が青く見えることもあると思うのですが、私の場合は逆に、自分がいる新規事業企画部署「イノベーションセンター」の体制の良さに気づくことができました。

私の所属する部署は、様々な部署から多様なバックグラウンドを持った人を集めた新部署です。これはダイバーシティを確保するための極めて教科書的なやり方なのですが、他社の人たちと話をしていて、この体制をしっかり敷けるのは意外と難しく、素晴らしいことだと知りました。

逆に、他社さんの新規事業の立ち上げ方のスピード感には非常に刺激を受けました。アイシンの場合、他社に事業提案を持っていくならば、事業として成り立つ精度になってからといった文化があります。でも他社の話を聞くと、完成する前の段階の商品をお客様に持っていって積極的にヒアリングしている。**自分たちが価値あると思っているものと、お客さんにとって価値があるものの間のギャップを早く確認していることがよくわかりました。**

うちの会社はクライアントワークが多いので、セキュリティが堅いことが重要です。ですから他社のやり方を全て真似できるとは思えないのですが、ONE JAPANのメンバーの話を聞いて、トライケースとして、早い段階でお客さんに持っていってヒアリングすることに挑戦してみました。

それが、筑波大学の落合陽一先生やミサワホームさんと進めたプロトタイプの現場テストです（274ページ）。

アイシンが筑波大学と共同研究しているパーソナルモビリティ向け自動運転技術を紹介し、そこに興味を持ってくれた10社が一堂に会して、落合先生も含めてうちならばこういう提案ができるというプレゼン大会をしていただいたのです。そこに来てくれた会社のひとつが、ONE JAPANでたまたまつながりができたことで手を挙げてくださった、ミサワホームさんでした。

結果的にミサワホームさんのグループ会社が運営する介護施設で電動車椅子に実装した遠隔操作技術の現場テストを行い、ユーザーとなる職員の方々の声を聞くことができました。

このような研究・開発段階で自社のプロトタイプを他社さんにお披露目して意見をいただく取り組みは、これまでは既存領域の得意先限定で行うケースが多く、新領域では考えにくいことでした。しかし、研究・開発段階で現場のフィードバックを得られたことは、研究・開発部隊にとってはとてもありがたかったようです。**これが小さな一歩となって、今後、オープンイノベーションが促進される風土ができるといいな**と考えています。

最近では、部署内で企画を立ち上げる時に、従来よりも早い段階で行政に聞きに行ったり、顧客に聞きに行ったりというケースが増えました。結果、企画の精度も上がったので、最近は企画検討フェイズから前に進むケースが大幅に増えました。

ONE JAPANで得る気づきを、これからも社内の有志団体や業務に活かしていければと思います。

BEST PRACTICE

トライケースで成功事例をつくり、ほかの事例にも展開する

朝日新聞

安藤翔一＆堀江孝治

団体名 朝日版わるだ組 2016年5月〜

コンセプト 楽しく、ゆるく、継続的に

「朝日・読売・毎日・日経」の新聞4社で合同勉強会を開催

安藤　ONE JAPANをきっかけに、いくつかの新しい取り組みが生まれました。ひとつは、朝日新聞の記事読み上げサービス「アルキキ」と、東芝さんの「コエステーション」（188ページ）のコラボレーションです。

2017年の6月に東芝の金子さんを弊社の担当者につなぎ、9月にはコラボ実現、10月のCEATECに出展というタイトなスケジュールでしたが、無事にニュースのサンプル音声が出せました。ONE JAPANでのご縁がなければ、こんなに早く実現するようなコラボはできなかったと思います。

同じくONE JAPANの活動がきっかけで、一歩進めたと感じるのは、読売新聞社、毎日新聞社、後に日本経済新聞社も加わる4社の若手有志勉強会が開かれるようになったこと。新聞業界で競合他社との勉強会などはこれまで考えられませんでした。しかし、どの会社でも若手社員は業界の行く末に危機感を感じています。第1回はNewsPicksの佐々木紀彦編集長、第2回は経営共創基盤の冨山和彦CEOをお招きして勉強会を行い、業界全体の課題について考える機会ができました。「新聞社の若手が、将来について真剣に考えたいので力をお貸しいただきたい」と訴えると、ゲストのみなさんも心よく引き受けてくれました。これは4社合同で行っているメリットだと感じています。また普段は競合他社であるため踏み込んだ議論はしづらい4社ですが、「デジタル化」や「組織変革」についての共通の知見を得た上で、業界の未来についてざっくばらんに語ることができました。

今後ますます外部環境が激変していく中で、業界内の競争よりも、他業種との競争が重要になってきます。この地道な活動が、信頼関係を醸成し、ゆくゆくは業界のイノベーションにつながっていくのではないかと考えております。

社内の有志活動に関しては、仕事に直結しない活動なので、賛同者・非賛同者がはっきり分かれ、人を巻き込むことは非常に苦労しています。特に編集系の社員は、仕事の内容も働く時間帯も違いますので、なかなか交流ができていません。これは今も課題です。

堀江　確かに課題は多いのですが、昨年は社長の渡辺雅隆もイベントに参加してくれ、社長に若手の意見をぶつける機会を設けることができました。少しずつ社内にも認知されていると感じます。**新聞社は社内が縦割りになりがちで、部門が違えば別の会社というくらい、文化も風土も違います。だからこそ、横につながりができた時のシナジーは大きいはず。**

ＯＮＥ ＪＡＰＡＮに参加して、逆説的かもしれませんが「結局大企業ってどこも一緒なんだ」と感じました。どの会社の若手も、何かしら上に対して疑問を持っていて「風通し悪いよね」と言い合っているそう。だから、結局のところ、自発的になんでもやらないと変わらないんだな、と感じます。ＯＮＥ ＪＡＰＡＮのメンバーは、まずは自分から動いている人たちばかり。自分たちの活動を続けていく上で、仲間の存在が支えになっています。

BEST PRACTICE

大企業の課題はどこも同じ。結局、自発的にやらないと何も変わらない

アステラス製薬

西浜秀美

団体名 A2 2014年10月～

コンセプト 個の力を高め、会社を通じて社会貢献

岡島悦子氏に企画相談「想いを持つ人を巻き込みたかった」

「A2」はもともと、社内のいろいろな部署の人が集まる研修がきっかけで2014年に立ち上がった勉強会です。つながりの少ない部署間に横串を刺したいといった動機はほかの有志団体と同じだと思います。経営企画部、事業開発部、製品戦略部、経営推進部、人事部、メディカルアフェアーズ本部、開発本部などの30代が中心となって、数カ月に1回、それぞれの部署がどんな仕事をやっているのかを情報共有し、どこに課題があるか、それをいかにして解決するかアイデアを出し合う会を重ねてきました。

経営企画部や事業開発部のメンバーを通して、経営陣に認知してもらう機会もあり、それ以降は様々なイベント開催をはじめ、活動がしやすくなり、モチベーションも高まりました。

また、社外の方の力を借りて、有志活動ではあるものの、自分たちの活動を経営陣に応援してもらえたこともあります。

例えば、プロノバ代表取締役社長で、当時、当社の社外取締役をされていた岡島悦子さんに、「A2」の若手と対話をする機会をつくりたいとお願いしました。岡島さんはONE JAPANで講演してくれたこともあり、若手の活動を好意的に応援いただいています。その岡島さんが、「この間『A2』で話をしたけれど、若手が頑張っていて良かったですよ」と経営陣に話をしてくださったらしく、よりA2の活動が経営陣に好意的に理解してもらえるようになりました。

私たちが意識しているのは、イベントごとに「こんなメンバーを巻き込みたい！」とイメージを持って幹事内の議論をすること。そして、そのような人たちに参加してもらえるようなイベントを企画することです。岡島さんとの対話も、「自分たちが、今後、会社を担っていく」「自分たちで自分・会社・社会の未来を切り開いていきたい」という想いを持つ人を巻き込みたいと考えて依頼しました。

「A2」の活動や、ONE JAPANで知り得たことを、将来的には経営陣にもインプットし、今後、会社に対してはもちろんですが、社会に対しても、医療分野で具体的な貢献をしたいと考えています。

BEST PRACTICE

外部の人からの評価が活動をブーストさせる

アフラック

小松直樹

団体名　One Aflac　2016年9月〜

コンセプト　タテヨコナナメの人財が交わるリスクフリーな成長の場

気概ある若手・中堅社員をつなげて、組織を活性化したい

アフラックに新卒で入社し、営業、人事、マーケティング部門とキャリアを重ねる中で、30歳前後を境に新たな可能性を求めて転職していく仲間を何人も見てきました。仕事にも会社にも熱い想いを持っていながら、彼らは異口同音に「小松は、アフラックに残って頑張ってくれ」と言って去っていきました。そんな経験を繰り返すうちに、この会社で一緒に挑戦していく仲間をもっと増やしたいという想いを抱くようになりました。

もちろん、社内には自らキャリアを切り開いている前向きな社員もたくさんいます。また、社内の留学制度だけでなく、自ら投資してMBAや公認会計士を取得するなど、社外で学び、日々の仕事で実践していこうとする社員も大勢います。そういったモチベーション高く、気概ある社員が知り合う機会を作れば、将来のアフラックを創っていく人材が増えるのではないかと考えました。

その後、私自身も社外の学びを通じて成長したいと考え、グロービス経営大学院（MBA経営学修士）に通いました。そこで、様々な刺激を受けたことで、胸の中の漠とした想いが、**「人の可能性を諦めず、人と人を結びつけ、日本を元気にしていく」という明確な志へと変わっていきました。**さらに「One Panasonic」を立ち上げた濱松さんと出会い、彼の活動を知ったことで、その志は、アフラックでの有志団体設立へとつながっていきました。

社内の仲間が有機的につながるためには、部署・年次・役職など様々な属性を持った社員を集めることが大切だと考えました。**そこで、入社1年目から管理職まで、各年次で発信力のある人や会社に対する熱い想いがある人に一人ずつ声をかけていきました。いわゆる「一本釣り」ですね。**そうして集まった14人の立ち上げメンバーと話し合い、会社をひとつにしたいという想いを込めて、有志団体に「One Aflac（ワンアフラック）」と名づけました。

最初にやったことは、メンバーそれぞれが会社に対し

てどんなことを感じているのか、一人ひとりの想いや気持ちを聞くこと。自分たちが取り組む課題を明確にし、熱量を高めていきました。応援してくれる管理職の方々から、オブザーバーとしてアドバイスももらいました。

立ち上げ3カ月後から各メンバーが数人ずつ気概ある社員に声をかけると共に、一緒に「One Aflac」を盛り上げていくことを目指して、初回のイベントを行いました。イベントでは有志団体の目的や活動内容をより具体的にイメージできるように、「One Panasonic」の濱松さんに講演いただき、参加した50人の熱も一気に高まりました。

2017年2月の「設立総会」では105人を集め、「Lead the Self」をテーマにYahoo！アカデミア本部長の伊藤羊一氏に講演いただき、その後、自分の価値観を探るワークショップを行いました。それ以降は、メンバー同士のつながりが深まるように、分科会形式のイベントを月1回程度重ねています。管理職を囲んだ座談会なども行い、「One Aflac」の活動を社内に知ってもらいつつ、縦横のつながりだけでなく、斜めの関係もつくっています。また先日は、がん患者やそのご家族の支援施設である「マギーズ東京」の見学も行いました。当社はがん保険の会社ですので、がんに関する社会貢献活動に関心が高いメンバーも多く、たくさんの刺激を受けて帰ってきました。

そして昨年12月、全国の管理職が集まる会議で社長が人材育成の重要性を熱を込めて語ったと聞き、「今だ」と思い、若いメンバーに「One Aflac」の存在を社長に伝えるメールを送ってもらいました。社長からは「自ら動き、とても素晴らしい取り組みだ」と褒めてもらい、今ではさらに自信を得て活動しています。現在のメンバーは260人。そのうち、アクティブに活動しているコアメンバーは30～40人です。ここまで多くの先輩方にも後押しをもらいましたが、より一層社内での認知を広めつつ、コアとなるメンバーを増やしていきたいと考えています。また、同じ保険業界や金融業界で同様の課題に取り組む有志をつなげる活動も始めています。

BEST PRACTICE

仲間づくりは世代ごとに狙いを定めて「一本釣り」

AGC

北野悠基＆冨依勇佑

団体名 AGseed 2016年1月〜

コンセプト 未来への〝種〟、風土を変えていく〝種〟、斬新なアイデアの〝種〟を生み、育てる

経営層公認「いかにダイナミックに失敗できるか」

北野 「AGseed（エージーシード）」の発足は、2016年。島村琢哉CEOが、「旭硝子（現AGC）は、もっと若手が生き生きと元気にやっている会社だった。**今の若手は失敗を怖がって、チャレンジが少なくなっている。これからの20年、30年先を担っていく若手が失敗を恐れずチャレンジし、イノベーションを起こしていこう」とメッセージを発信しました。**そのメッセージを受け、若手が自発的に立ち上げたのが、有志団体「AGseed」です。特に年齢制限は設けていませんが、入社10年目までの若手社員が中心となって活動しています。

冨依 そのような成り立ちの背景もあり、「AGseed」には年に1回、CEO、CTO、CFOの3人と、われわれ若手がコミュニケーションする機会があり、そこを若手の挑戦例を経営陣にプレゼンする場としています。今年のプレゼンでは13チームが参加し、働き方やビジネスプランを提案したり、他社との協業プランを発表したりして、実際にそのプランを実現に導いています。

新入社員もずいぶん見に来てくれ「来年は自分もプラン発表したい」といった声も聞けました。若手が自分でビジネスを考えようといった空気が生まれたのが良かったですね。

他社との協業事例では、日本有数の工業地帯、鹿島コンビナートにあるJSR、AGCの若手が声を上げ、コンビナート内の様々な会社で勉強会や工場見学会、情報交流会などを実施するようになりました。また、「AGC×SPORTSで社会貢献」をテーマに、AGCのガラス製品を用いた今までにない〇×ゲームや、ハードル走などを「世界ゆるスポーツ協会」と共同開発し、各種イベントでAGCの技術を体感してもらっています。

北野 普段の活動は、大きく分けて3つあります。ひとつは、外部の方に来ていただきその仕事や働き方について話してもらう勉強会やワークショップ。もうひとつは、普段関わりの少ない、他部署の若手や他社の方と協業していろんなイノベーションを起こそうという活動。そし

て最後は、ＯＮＥ ＪＡＰＡＮの活動や分科会の活動をＡＧｓｅｅｄの活動に落とし込んで一緒に取り組む活動です。

冨依　自分も含め、若い社員は自分の会社のことしか知らない人がほとんどだと思います。だからＯＮＥ ＪＡＰＡＮに参加して他社の熱意を持った若手に出会えること、彼らの挑戦例や企業同士互いの技術を活かした協業事例を知ることができるのは貴重な機会です。自身にとってもいい刺激になっています。

外の場に出て、自社の良さに気づいた面もありました。ＯＮＥ ＪＡＰＡＮメンバーの話を聞くと、有志団体の活動を、トップやミドル、他部署の人間にどう応援してもらうかに苦労されているとのことです。その点、ＡＧＣは経営層がＯＮＥ ＪＡＰＡＮの活動にとても理解があるし、若手の窓口には人事・広報・開発の人材が配置されているので、彼らを通して社外の人間とつながりやすい環境にあると思います。先日も、ＣＦＯにＯＮＥ ＪＡＰＡＮの総会での登壇を打診したところ、「若手のこういう活動は大事だ」と、心よく引き受けてくれました。他社よりも若手が挑戦しやすい環境にあるぶん、これからＯＮＥ ＪＡＰＡＮ内でのコラボレーションもどんどん提案したいと考えています。また、ＯＮＥ ＪＡＰＡＮを通じて会社にも貢献していきたいと思っています。

BEST PRACTICE

社外に出ることで自社の恵まれた条件を再確認し、アウトプットにつなげる

団体名 CONNECT 2017年1月〜

コンセプト 全社の人と知と想いをつなぐ。「やりたい」を加速させる

諸藤洋明＆五十嵐順一＆青木崇行

企業文化の変革は人と人とを地道につなぐこと

諸藤　「CONNECT（コネクト）」の共同幹事は同年代の3人。会社に入って10年経ち、それぞれの人脈や視野が狭まっているのを感じていました。そこで共同で全社をつなぐ活動を始めようと「CONNECT」と名づけた有志団体をスタートしました。今まで20回程度のイベントの企画、500人ほどが参加したオンラインコミュニティの運営をしています。

五十嵐　「CONNECT」を作った時にイメージしたのは、山登りする時のベースキャンプ。ゴールを見つけ、自分にない力を持った仲間と出会い、ヒントをもらう場。さらには、仲間と励まし合いモチベーションをキープする場所、時には休める場所としてスタートしました。

青木　最初は幹事3人の友人に声をかけるところから。「あなたが情熱を傾けられる場所は？」「あなたのフラッグ（旗）は何？」など、自分自身を掘り下げるワークショップを開催しました。「CONNECT×グローバル」「CONNECT×社会課題」といったテーマを設けて、その分野で活動している社員の話を聞いて意見交換する会もあります。諸藤が勤めるのは本社のある田町なのですが、メンバーが働く地域は様々。五十嵐がいる武蔵小杉や私のいる府中など、いろんな場所で開催してみんなが参加できるように意識しています。

五十嵐　ONE JAPANに加入して初めて気づいたのですが、NECは他社に比べても、社内のイントラネットが充実している。社内のイントラネットにイベントの内容を投稿すると、約10万人の全社員のMLに流れるという仕組みがあるのです。これが、「CONNECT」が短期間で多くの社員とつながれた理由のひとつです。一斉送信するメールに掲載する内容は、50代のマネージャーが記事を選んでいます。そのマネージャーは、共創活動やイノベーションを後押しする役割の人。もともと諸藤が知り合いだったこともあるのですが、「CONNECT」の団体の必要性を最初から理解して応援してくれていることが、追い風になっています。

諸藤　活動当初から管理職の支援を得られていることは「CONNECT」の特徴かもしれません。「社内の組織を越えて人をつなぎ、気づきを得る」ことを意図的に発信していたのがよかったのだと思います。この文脈だと、事業イノベーション戦略本部や経営企画本部、広報部などにとっても、新規事業の課題と直結している話なので、支援も得られやすかったと感じます。

共創活動を盛り上げていこう。風土を変えようという課題意識を持った管理職との出会い方には2つのパターンがありました。ひとつはメンバーの誰かしらが知り合いで「CONNECT」の活動が管理職の耳に入り、支援するよと言ってもらえるパターン。もうひとつは、活動内容自体に興味を持ってくれた社内革新に関わる部隊から直接連絡をもらうパターン。

青木　**印象的だったのは「やっとこういう有志団体が出てきたか」とか「昔もこういう団体があったんだよ」などと言われたことですね。若手だけではなく、ミドル層にも会社を変えていかなくてはならないと考えている人はたくさんいると感じました。**その先輩たちが有志団体を運営していた時は、今ほどSNSが発展していないから運営の負担が大きかった。でもちょうど「CONNECT」ができる数年前から社内SNSができて、そのインフラに乗れたことが大きかったですね。

諸藤　3人の共同代表でスタートしたのも、今となっては良かったと思っています。いろいろ話し合いをしたのですが、一人が有志活動を支えるというのはハードルが高いし重いよね、と。社内の誰かに活動内容を説明に行くことひとつとっても、本社、府中、武蔵小杉に散らばった3人であれば、その時間を節約することができます。

そういった実務的な面だけではなく、後から振り返ってみるともうひとつ良かったと感じるのは、集まってきてくれる仲間がこの3人のどこかの側面に共感して集まってきていること。**われわれが三者三様なので、それだけメンバーにも個性や多様性が生まれる。その意味からも意識しているのはこの3人が楽しそうにしていることです。眉間にシワを寄せて必死な人には、誰も寄ってこないと思うから。**

ONE JAPANに参加したことによる気づきも多々ありました。社外の仕事の進め方を間近に見て、ここはNECのダメなところなんだなということに気づけることもありました。

青木　悪いところだけじゃなくて、NECの良いところというのも見えてくるようになって。僕たちは社内SNSがあるのが当たり前だと思っていたけど、ほかにはないと聞いて、それは大変だろうなと思ったり。

それだけではなく、NECには有志活動を評価する表彰制度があるんです。バリュー実践賞という賞で、NECのバリューを体現している人たちに賞を与えるというもの。「CONNECT」は去年受賞をして社長から表彰状をもらいました、有志活動を評価する土壌が実は整っているいい会社なんだなということも、ONE JAPANに参加して気づきました。

諸藤　NECには最近できた人財哲学という評価軸があります。これは、NECはこういう人を評価しますという評価基準を示したものなのですが、その中にはまさに「枠を超える」というキーワードが書かれています。だから私たちも、「CONNECT」の活動やONE JAPANの活動について自信を持って発信することができます。

五十嵐　ONE JAPANでは今、新規事業やアウトプットに力を入れていますが、新規事業やアウトプットは、そう簡単にできるものではないし、私たちもアウトプットをそんなに急いではいません。

もともと「CONNECT」の活動自体が急いでいない遅効性の団体です。「CONNECT」はバランスのいい食事のようなものです。**企業文化を変える試みは、一朝一夕に成果が出るものではないですよね。新規事業が生み出せないからこの活動はダメと言ってしまったら、たぶん、活動自体が挫折する。人をつなげることを地道に続けていかないと、文化は変わっていかない。**だからわれわれとしては、新規ビジネスができるかどうかよりは、まずは社員が社外の人と知り合いをつくれる状況にするというのが目標です。

その上で、大企業だけではなく、ベンチャー、NPO、政府、ODAを請け負っている中小の会社など、そのつど適切なパートナーと協業できればいいと考えています。ONE JAPANもそのひとつ。

諸藤　その一方で、われわれが持っているリソースでONE JAPANになにか貢献できないかと取り組んだのが、「ONE JAPAN参加団体見える化プロジェクト」でした。各団体がどんな特徴を持っていて、どんな取り組みをしているのかをNECのフォーマットで見える化しました。自分たちの団体と近い取り組みをしている団体を見つける時に活用したり、物理的な距離が近い会社を知ってもらえたら、と思ってつくりました。

ONE JAPANも50団体を超え、規模が拡大しています。創業時代のコミュニケーション密度と、今のコミュニケーション密度にはどうしても差があります。この「ONE JAPAN参加団体見える化プロジェクト」もそのひとつですが、その差を埋め関係性の質を向上させるソリューションを考えるのは、まさにわれわれのようなインターネットの会社の仕事。今後も貢献できることを探したいと思っています。

BEST PRACTICE

まずは足元。社内イントラは最大限活用する

サントリー食品インターナショナル

首藤悠太

団体名 **ヤングライオン** 2016年4月〜

コンセプト 新価値創造を生み出すための社内プラットフォーム

「やってみなはれ人材」のプラットフォームをつくりたい

私は転職組なのですが、サントリーの人たちは魅力的な人が多いと感じます。創業者、鳥井信治郎の「やってみなはれ」精神が合言葉なので、若手のチャレンジも応援してくれる空気がある。でも、いざ現業を超えて何か新しいプランを出したいとなると、どこに提案すればよいかがわかりにくいと感じていました。

そう思っていた時に、社内で自分が思うアイデアや想いを役員に提案する公募があったのです。そこでリクルートの「New RING」のように「どんな部署にいても自由に事業提案できる仕組み」をつくりたいと提案しました。この構想を社内の事前プレゼンで発表すると、一緒にやりたいと10人が声をかけてくれました。

この時のメンバーと、事業提案の後に一緒に立ち上げたのが有志団体の「ヤングライオン」です。R&Dや宣伝、人事、営業……などばらばらの部署にいた10人は、この公募がなければ出会うことはありませんでした。縦割りになった組織上、別部署とつながりを持つ機会はほとんどありません。だったら、このつながりを意図的につくることはできないかと考えたのです。

現在、コアメンバーは30人ほど。その多くは20代の若手です。社内では、役員への提言や学び合いを促進するスキルシェア社内SNSにて勉強会を牽引して実施しています。社外では「シリコンバレー最前線」「大企業からイノベーションを起こすには」「トーマツベンチャーサミット」など、ONE JAPANをはじめとする、外部の団体とつながって活動をしています。

やってみなはれ文化なので、面白いことをやりたい人は多い。そのチャレンジ人材がつながるプラットフォームになることを目指しています。

BEST PRACTICE

事業提案のプレゼンをすれば、社内のまだ見ぬ仲間と出会える

JT

柏村 長

団体名 O2 2016年8月～

コンセプト 組織風土を動かす

「人見知り」ほど熱い時間を過ごした仲間とつながろう

JTのコミュニケーションワードは「ひとのときを、想う。」です。嗜好品を扱うメーカーとして、たばこはもちろんのこと、加工食品や医薬品を通して世の中の人に対して「心の豊かさ」を提供していく会社になりたいと考えています。

以前は多くの社員が喫煙者で「たばこが好きだから入社する」人が多かったのですが、現在はたばこを吸わない社員も増えています。新たに入社してくる社員には、JTのビジネスモデルに共感したり、厳しい状況で新しいビジネスにチャレンジしたいという人が増えています。だからこそ、若い考え方をミックスしてビジネスを考えなくてはならないという風潮が、社内に生まれてきています。

そんな背景の中で発足した、「O2（オーツー）」は、若いメンバーがつながり、会社を良くしていこうという取り組みです。神奈川県にある支社の若手7人で始めました。僕はもともと人見知りですが、会社の人をもっと知っていれば仕事もスピードアップし、アウトプットの質も上がる。その結果、もっと自分自身が楽しく働けるのではと思っていました。**運営メンバー11人は、考えや主張がバラバラですが、だからこそ「O2」があることでシナジー効果が生まれて、アイデアが出るのではないか、と感じています。**交流会や勉強会の他に、上役に講演をしてもらってパネルディスカッションをするといったような活動もしています。

「お客様の生活様式が多様化していく中で、JTもイノベーションを起こす必要がある。そのためには知恵の輪を広げる必要があり、『O2』のような人のつながりが重要だ」と主張したところ、特に岩井睦雄副社長に強く賛同してもらえ、後援者のような立場で活動をバックアップしてもらっています。

「O2」という名前は、空気を構成する2割の酸素をイメージしました。国内で働く1万8000人の社員の2割である3600人がゆるやかにつながることができるプラットフォームを目指しています。そのために僕自身が意識しているのは絶対に偉そうにしないこと。時間をつくって参加してくれる人をリスペクトすること。運営メンバーの利益と参加者の利益を混同しないこと。メンバーとは常日頃から「誰のためのどんな活動か」を明確にしてプランを立てるようにしています。

BEST PRACTICE

業務外に時間を割いてくれる人には、リスペクトの気持ちを忘れないこと

ソニー

団体名 知の共有 2016年11月〜

コンセプト 多様性という強みを最大限発揮する

永谷実紀

社内を見える化し、部署を超えて気軽に相談できる場をつくる

ソニーの「知の共有」の活動は、日ごろ関わりの少ない部署の人が集まり情報交換することによって、新しい提案・発想を生むことを目的としています。

活動には、若手だけではなく、部課長などのマネジメント社員も含む40代、50代も多数参加していることが特徴です。ボトムからミドル、トップ層まで巻き込んでいるので、コラボ商品の意思決定や、プロジェクトに適した人にたどり着くのもスピーディーに進められています。この有志団体の活動は、ソニーの10年後のために自分たちの手で今すぐできること、というのがポイントで、イベントの際は、全社員を対象に案内をしています。

ソニーは、日本で一番子会社の多い会社で、全世界に約12万人の社員がいます。これら多数の事業を横串で通し「知の共有」ができれば、それだけでも財産になるのではと考えました。例えば、エレクトロニクス、エンターテインメント、金融の各グループは、組織のトップマネジメントはつながっていますが、ボトムレベルでいうとイントラ上ですらつながっていなかった状況でした。ボトムをもっと自由につなぎ、人脈を増やし、もっと新しい価値を世の中に提供できるようにしたい、という想いでスタートしています。

イベントは技術テーマとビジネステーマを交互に開催しています。技術テーマはこれまでに「防水」「熱対策」「音へのこだわり」といった内容、ビジネステーマでは「教育ビジネス」「アニメビジネス」「オートモーティブビジネス」などの様々な事業部が関連しそうなテーマで開催しました。これらのプロジェクトを通して生まれたつながりから、スマートフォンやデジタルスチルカメラで使用している防水の知見が、ドローン関連機器に活かされたり、アーティストの限定モデルのイヤホンがつくられたり、といったコラボレーション商品が生まれています。

防水のイベントでは、もうすぐ定年の社員が防水につ

いての深い知見を共有してくれたことをきっかけに、社内の防水技術講座の講師に選ばれることになりました。現在、その人は自分のノウハウを研修資料にし、次世代への技術の継承を深めています。このように、**社内の優れた人材発掘の場としても機能し始めていると感じます。**「知の共有」が最終的に目指しているのは、部署を越えて気軽に相談ができる世界一の企業文化と、それによる世の中への新しい価値の提供です。よって、運営をする上で大事にしているのは、関係の継続性を構築することです。**その場限りの盛り上がりで終わらないように、会に参加した人たちのメーリングリストをテーマごとにつくっています。また、「知の共有」のホームページや掲示板の作成や、約600人の部署名やメールアドレス、業務内容、趣味などが記載されている名簿も提供しています。**これによって、イベント後もつながりを継続できるように、そして、何かやりたいという人がすぐにつながって課題解決できるような仕組みを構築しています。また、有志団体だけでは解決できないことも多々あるので、新規事業や広報、システム、技術戦略、マーケティングなど、多くの部署と連携して、活動を推進しています。同時に、各組織紹介や社内リンク集なども作成し、社内の見える化を進めるようにしています。

ONE JAPANに参加することで、改めて自社や「知の共有」の取り組みを振り返ることができました。ソニーは他社と比べて事業ドメインが圧倒的に広く、社内でつながりをつくるだけでも大きな価値になるということを実感しました。また、社外で同じように前向きに考えている仲間に多く出会えたことも、財産となっています。今は、積極的にソニーのノウハウを共有するようにしています。例えば、ONE JAPANメンバーに本社のCreative Loungeの案内や、働き方改革の一環として行っている、ソニーの食堂やオフィスの活用事例を紹介するツアーも開催しました。

将来的には、「知の共有」の活動を他社にも広げて、日本全体での「知の共有」を通じて、社会に貢献できたらと考えています。

BEST PRACTICE

部署をまたいだテーマ設定で組織を横断する参加者を集める

ソフトバンク

玉城潤一 & 黒石真美子

団体名 やわら会 2017年11月～

コンセプト 社内外ネットワークで仕事を楽しく！

中途入社同士のスモールスタートで大きく育てる

黒石 玉城と私が知り合って1カ月後、「やわら会」を立ち上げました。私たちは共に新規事業が求められる部署なのですが、**お互い中途採用で、社内につながりが薄いので新しい事業を生み出すのは難しいという課題を感じていました。逆に言うと、ソフトバンクにはそもそも多様な人が集まっているし、つながりを持てばもっといろんな事業を生み出せるのではないか、と。**

玉城 2人でどうやって社内を巻き込んでいこうかと考えていた時、ONE JAPANの存在を知りました。そこでONE JAPANに参加する団体も、その方向性はいろいろだと濱松さんから聞いたんです。まずは自分たちがどんな場をつくりたいのかをディスカッションすることが大事だとわかりました。「やわら会」は「社内、社外のつながりをイノベーションにつなげる」を中心軸においたので、新規事業に興味がありそうな人から声をかけていくように意識しました。

黒石 ひとつうまくいったのは、プレミアムフライデーに合わせた社内の公式な取り組みを「やわら会」が企画したことです。それまでは人事主導で社外交流会などを行っていたのですが、私たちが「今回は社内でのつながりを持つ回にしませんか」と提案しました。Pepperを活用したアイデアソンや参加者の業務外での活動を紹介する「1分ピッチ」をやった後は、自分が興味のあるテーマのテーブルでフリートーク。私たちの口コミだけでは出会えなかった人たちとつながりを持てましたし、社の公式なイベントとして社内に活動報告されたことで、認知度も上がりました。

玉城 スモールスタートですが、せっかくONE JAPANの知見を生かせるので、みなさんのアドバイスをもらいながら「やわら会」を育てていきたいと思います。

BEST PRACTICE

社内の公式イベントを手伝い、知名度を上げる

ダイドードリンコ

中野 絢 & 安部竜馬

団体名　Dy Club　2012年2月～

コンセプト　若手からチャレンジし、いち早くリーダーシップを発揮する

経営層に直言「会社の変革を若手で牽引したい」

中野　「Dy Club（ディーワイクラブ）」はもともと「ビジネス勉強会」という名前で、部署間連携とスキルアップを目的に、2012年から社内有志団体として勉強会を実施してきました。

2010年に新卒採用戦略が変わり各部に若手社員が増えたことから、もともと課題であった横の連携を強化するために部署を超えたつながりをつくろう、とスタートした有志団体です。「いち早くリーダーシップを発揮して社に貢献できる人材になろう」というビジョンのもと、入社10年目までの若手社員で構成しています。

活動のテーマは毎年運営メンバーで考えています。ある時は「各部署紹介」「ロジカルシンキング」「コーチング」といったテーマで社内の役職者に講義を依頼したり、ある時は参加メンバーのリーダーシップ経験を共有したり。一方的な講話ではなく、対話を通じて考え学ぶ、といったかたちで毎月一度開催してきました。

企業理念である「チャレンジ精神」に則った、社内提案も若手社員から積極的に行っています。**例えば、弊社の清涼飲料「和果ごこち ゆずれもん」と化粧品会社とのコラボ商品「ゆずれもん クレンジングジェル」を提案し、発売しました。社内の提案制度にもとづいて複数の若手社員がアイデア提案を行い、社長に表彰してもらう機会もありました。**

安部　6年間の活動で、課題であった横の連携強化は若手を中心に進捗しました。しかし、社内のみの活動であったため、視野が狭くなりがちでした。また「受け身」の参加者が増えてしまっている問題に対し、主体的な参加者を増やすことが新たな課題となりました。そのため、「リーダーシップを発揮し、様々な経験を積んでいる他社の若手との交流が重要」と考え、そういったプラットフォームを探していた時に、ONE JAPANの活動を知り、加盟に向けて動き出したのです。

ただ、加盟に至るまでは一筋縄ではいきませんでした。ONE JAPANに参加したい企業が急激に増えてい

るため、新規加盟は慎重に判断されていたのです。社内を巻き込めているか、メンバー全員が同じ想いに共感して主体的に動けるのか。それらがしっかり確認できることが条件でした。

ダイドーは大阪に本社があるので「Dy Club」のメンバーも大阪中心です。全員が同じ想いで主体的に参画するためには、東京の活動への参加費用をどうするのかなどのハードルがありました。

そこで、変革の時代にはもっと社外に目を向ける必要性があると主張し、ONE JAPANとの共創によって、若手がもっと成長できる可能性があることを社長や各部門長に伝えました。

「会社の変革を若手で牽引したい」という想いに触れてもらったことで、活動予算の捻出が叶いました。また東京の社員を巻き込むこともでき、ようやくONE JAPANに加盟できることになりました。

中野　社内勉強会は、7年間改良を加えて運営しています。ですから参加者にとって魅力的なテーマ設定や、スピーカーにできるだけ「自分の経験」を語ってもらえるような構成にするなど、これまでの運営で得た知見もONE JAPANに還元したいです。そして、社内外でリーダーシップを発揮しているONE JAPANメンバーから刺激をもらいながら、共に成長していきたいと思っています。

BEST PRACTICE

想いを伝え続ければ大阪↔東京の壁は乗り越えられる

中外製薬

中山 直

団体名 FRONTIER(SPRING) 2013年6月〜

コンセプト 社内外における人的ネットワークの構築とイノベーションの追求

社内の他部署、社外への連携を強めてイノベーションを起こす

製薬業界を取り巻く環境は今、大きな転換点を迎えています。少子高齢化により社会保障費は増大し、それに伴う薬価抑制の圧力は年々強まり、新薬開発の難易度はますます高まっています。近い将来、創薬を中心としたビジネスモデルは変革を迫られる可能性がある中で、今後求められる人材像も変わっていくかもしれないと考えています。

これまでのルールや考え方に縛られず、幅広い視野でアイデアを提案できるようになるためには社内外における人的ネットワーク構築が不可欠と考え、立ち上げたのが「FRONTIER（フロンティア）」です。

「FRONTIER」の母体となっているのは「SPRING（スプリング）」という、開発部門の組織ボトムアップを目的とする若手有志団体です。主に本部内の改善活動の促進や、ディスカッション・情報共有の機会提供、外部講師を招いた勉強会の開催などを行ってきました。

昨年は「2030年医療業界シリーズ」と題し、「人工知能と医療の今後」など、計10回にわたって、新規技術や近い将来起こりうる環境変化について議論する場を設け、多い回では180人もの参加がありました。

「SPRING」は2013年に発足してから6年目を迎え、ボトムアップの組織文化が根づいてきたと感じると同時に、社内の他部署、社外へと活動の幅を広げていきたいと考えました。そこで、社外の活動に特化した団体として2018年に新たに「FRONTIER」を立ち上げました。開発部門以外のメンバーや外国籍のメンバーもコアメンバーとして迎え、ダイバーシティ&インクルージョンを推進しながら、社内外のアイデアの新たな組み合わせ、「新結合」によるイノベーションを追求していきます。

ONE JAPAN内でのつながりは非常に魅力的で

す。正式に参画した4月の代表者会議で自社の団体の活動紹介をしました。**プレゼンの最後に、抗がん剤のトップメーカーである自社の強みを生かしたコラボレーションの可能性を募ったところ、その場で数社から手が挙がりました。これはONE JAPANの特徴だと思うのですが、即行動する人が多く、すぐに数社の代表者と連絡を取り始め、複数のコラボレーション企画が決定しました。**職場が近い会社の方とはランチをしながら企画を詰めたりしています。今後も新たな企画実現を目指していくとともに、これらの活動を通じて、社内外の人的ネットワーク構築、社員のモチベーション向上やキャリア形成、部門を超えた巻き込み、イノベーションの追求に挑戦していきたいと考えています。

BEST PRACTICE

共創は「自社の強みを発表すること」からはじめよう

千代田化工建設

武田真樹

団体名 未来創造室

コンセプト 社内の活性化

2012年3月〜

「想いのビジュアル化」は力を持つ

「未来創造室」は、2012年に私たちの上世代、現在40歳前後の社員有志が立ち上げた組織で、もともとは人事研修のつながりから始まったと聞いています。途中から会社に認めてもらい、今は経営企画部のもとで本業の10〜15パーセントの工数を割いて進めています。

特徴は「社内の活性化」に力を入れているところ。最近注力しているのは、会社のどういう部分が好きか、会社にものを申したいといった社員の素直な気持ちを視覚化する活動です。この取り組みは「discover!プロジェクト」と名づけ2年前から行っています。自分の考えを手書きで吹き出しに書き、それを写真に撮って社内のSNSで共有するというもの。海外拠点も含めたグループ全体の社員の声を経営陣に伝えています。このプロジェクトは昨年、リクルートのリクナビネクストさんから表彰もいただきました。

ONE JAPANに加入して勉強になったのは、人の巻き込み方。特に重役や社長に応援をもらう方法を各社工夫しているところが参考になりました。

「未来創造室」でも、社長をはじめとする役員と社員が一つのテーマを車座になって議論する場や、当社が取り組んでいる仕事の社会的な意義やキーパーソンの想いを紹介する機会を定期的に企画しています。2017年に山東理二社長に代わった時には、そのタイミングで社長の人となりや経歴を話してもらう座談会も「未来創造室」で企画しました。

一方で私たちの方からONE JAPANに提案したのは「discover!プロジェクト」を応用した、みんなの想いを見える化するプロジェクトです。私は、人の想いはビジュアルに起こして初めて広がり浸透していくと考えています。第3回の総会の時、手書きで書かれた数百のメッセージが会場の壁にずらっと並んだビジュアルにはやはり力がありました。

BEST PRACTICE

経営陣交代のタイミングは人を巻き込むチャンス

デンソー

古仲大輔

団体名 デンソー有志の会 2016年9月〜

コンセプト 人のつながりをつくる

課題ドリブンの中途入社組こそプロパー社員を巻き込むべし

私がデンソーに入ったのは2016年9月。時を同じくしてONE JAPANが立ち上がった記事を見て「確かにこういった活動は大企業にとって重要だ」と感じてデンソー有志の会を立ち上げ、ONE JAPANに参加しました。

デンソーは愛知県の会社なので、東京支社は小さな組織なのですが、本社に比べて圧倒的に中途入社のキャリアの人数が多い。私のようなキャリア組は、社内につながりを持つことが課題になります。キャリア同士のつながりも薄いし、プロパーの人とのリレーションも持ちづらい状況では新しい取り組みはうまくいかない。その横のつながりを、社内有志の会でつくろうと思いました。

キャリア採用は課題ドリブンで入社している人が多いので、自分にとって必要な学習に対する感度は高い。勉強会や講演会は自分で勝手に行って勉強している人が多い。ゆえに、デンソー有志の会は勉強会や講演会ではなく、とにかく人のつながりをつくれる親睦会を中心に据えました。

会ではいつも10分程度のショートピッチを入れています。仕事の話だけではなく、プライベートな話や嗜好性の話をするのも実は重要で、相互理解につながると考えています。

例えば、先日私はドローンを自分で購入し飛ばしてきたので、あえてその話をしました。また、その際に実際にそのイベントスペースで参加者と一緒にドローンを飛ばしてみるといった体験も共有し、ドローンに強い興味を持って活動を始めるメンバーが出てきたりもしました。そんなことと言われるかもしれませんが、仕事が多忙だと、つい目の前の業務にとらわれて世の中の新しい動向や変化に気づきにくくなります。お互いの興味を引き合わせることで人間関係もできるし、新しい発見ができる。新規事業の種は、こういうところからも生まれると思っています。

今後の課題は、経営陣にもこの活動をプレゼンして、ボトムアップとトップダウンの両方からサンドイッチすること。**私はデンソーを含めて4社経験しているので思うのですが、ボトムアップには限界がある。課長がOKと言っても部長がNGだと話が進まない。だから、これからはトップ層に応援者をつくり、上層部の合意の上でやっている活動だという大義名分をつくっていきたいと思います。**

もうひとつの課題は、このような活動を中途入社のキャリアだけでやっていると、社内全体を巻き込みにくいこと。この先は、プロパーで共に会社にインパクトのある仕事をつくりたいと思っている人たちを中心に動けるようにしたいと働きかけています。東京支社には若手のプロパーが極端に少ないので、愛知本社の若手とも連携して活動を広げていきたいと考えています。本当は私がもっと愛知側の活動に参加できればいいのですが、なかなか時間が取れていないのが現状。ONE JAPANにはトヨタさんやアイシンさんなど、中部地区の有志団体も参加しているので、そこでのつながりも、本社の若手のモチベーションにしていきたいです。

BEST PRACTICE

自身が興味あるプライベートネタを共有・共体験し、相互理解を深める

電通

吉田将英

団体名　電通若者研究部（電通ワカモン）　2010年12月〜

コンセプト　若者と社会の関係性をデザインする

ONE JAPANは合衆国のような存在

「電通若者研究部（電通ワカモン）」は2010年の冬に対外的にリリースした「若者と社会の関係性をデザインする」有志プロジェクトです。若い世代の価値観や嗜好性を研究し、それを様々な企業の経営やマーケティングに活かしていく活動を主にしています。

ONE JAPANに参加するほかのほとんどの団体は、業務の対義語を有志活動と位置づけているのですが、「電通ワカモン」の場合は有志でかつ業務をする団体です。これは電通がもともと、自分たちで仕事を作っていかないと成立しないビジネスモデルであることが大きいと思います。だから、有志だけど業務をやるし、若手が必要だと思って現場発で立ち上げたけれど、社としてもリリースを出す。そこが相反しないところが、ONE JAPANの企業の中ではまだまだ少数派かもしれません。

僕自身は主業務が7、「電通ワカモン」の活動が3くらいのイメージですが、本来的には10の時間を奪い合うものではなく、主業務に「電通ワカモン」でやっていることをシナジーさせればいいだけだし、主業務で培った意見を「電通ワカモン」に活用すればいいと考えています。

例えば僕が今主所属の業務で行っているのは、アイデアの力で企業の経営を活性化させるビジネスデザインの領域ですが、ここには必ず顧客との関係性や組織内における世代間ギャップの問題が横たわっています。ですからこのコンサルティング業務にも「電通ワカモン」で得たインサイトを活かすことができます。**主業務と「電通ワカモン」の活動を別々の独立した円として捉えるのではなく、それぞれの円と円をどれだけ重ねることができるのかを考えています。**

「電通ワカモン」は学生と共同プロジェクトを多くやっていますが、それらの知見を還元する相手は企業の年長者のみなさんだったりする。**年長者たちに若い人の感情をどう言えば伝わるだろうと考えるから、結果的に年長者の研究もしていることになる。こういう取り組みの資**

産が溜まるコップみたいなのを、個人ではないカタチでつくっておかないともったいないと考えています。

もちろん「電通ワカモン」に参加しているメンバーが全員、僕と同じコンサルティング領域ではありません。みんな、それぞれの主業務と「電通ワカモン」やONE JAPANとのシナジーを自分で見つけて参加してきているのです。もしそこでシナジーを見出すことができないなら、無理してやる必要はない。有志団体なので、僕から勧誘するようなこともありません。

ONE JAPANに対しての関わり方も、同様です。大企業のイノベーションや大企業から日本を変えるということと、「電通ワカモン」がやっている若い人への理解促進・関係性構築、加えて主業務でやっている企業を活性化するという仕事は、僕にとっては全部重なっています。

ONE JAPANに参加する理由はいくつもありますが、ひとつはONE JAPANでは利害を共にするというよりも目標を共にする集団なので、変な駆け引きや探り合いがなく、本音が伝えやすい。この信頼関係性があることで今後の活動が速くなることもあると感じます。

この集団の良いところは、約50社のダイバーシティをのみ込んで、そのまま存在しようとしているところ。オープンイノベーションを生み出そうとしているところはそういう会社同士でやればいいし、つながり重視のところもそれはそれでいい。

ONE JAPANとしてのアウトプットがないと「ただ集まっているだけじゃないか」という声にさらされますけれど、個人的にはONE JAPANがすごい団体になることはあくまで「結果」であって「目的」ではないと思っています。**ONE JAPANに参加している各会社の若手有志メンバーがそれぞれの所属している会社を変えるということが、結果的にONE JAPANの評判を一番上げると思うから。**ONE JAPANは合衆国のような存在。それぞれの州がよくなれば、結果、合衆国もよくなる。

今、僕が推進リーダーとして関わっているプロジェクトとしては、ONE JAPANと経済同友会の「共創フォーラム」があります。これまで大企業の若手の意識調査を発信してきたONE JAPANが、経済同友会とオープンな場で意見交換することで、「経営層」と「現場社員」の新たな関係性の例示になる場を目指し、先日無事実施されました。どちらか一方だけが変われば解決する問題はほとんどなく、双方が「対話による相互理解」を進めること。それにづいて、前例や慣習に捉われずにアクションをしていくことの大切さを改めてオーディエンスの皆さんと共有できる場になったかと思います。これもやはり、約50社のダイバーシティがあってこそ。共創フォーラムだけでなく、今後も「新しい関係性のデザイン」を、ONE JAPANを使い倒しながら仕掛けていきたいと思います。

BEST PRACTICE

有志活動と業務の円の重なる面積をできるだけ大きくする

東急グループ

松原未佳

団体名 水曜講座 2008年11月〜

コンセプト 若手のアイデアプラットフォーム

新卒2年目から希薄になる交流を持続したかった

東急電鉄の総合職の新入社員は、1年目に全寮制生活を経験します。そのおかげで同期のつながりが深く離職率も低くて、入社10年目の私の代は誰も会社を辞めていません。

ただ、1年間の研修期間には会社のことを学ぶ機会も多いのですが、2年目以降は鉄道、不動産、生活サービス……など縦割りにされた部署に配属され、他部署とはあまり交流がありません。2年目以降も会社を俯瞰して学ぶ機会をつくり、他部署の人と勉強、交流できる場をつくろうと先輩たちが始めたのが「水曜講座」でした。

事務局長になった頃は、勉強会の人集めに苦労していましたが、ＯＮＥ ＪＡＰＡＮメンバーのアドバイスで課長クラスに応援を依頼してから、会に重みづけができ認知度も上がりました。**応援してくれそうな課長にはメンバーたちがピンポイントでアポを取り「若手を教育してほしい」とお願いしました。**社内外の講師を紹介してもらったり、社内掲示板で告知をさせてもらったりするようになり、徐々に広い層に「水曜講座」の存在を知ってもらえるようになったと感じます。

「水曜講座」の特徴は30人程度の少人数でざっくばらんな話ができること。他の団体では１００人以上の講演会を行うとよく聞くのですが、その人数で行う講演会はプロモーションになりやすい一方で、テーマが漠然として自分ごとに落とし込みにくい側面もあると感じます。

「水曜講座」では「働き方改革を実現する人事戦略」「絶対知っておくべき東急グループの本質」など、勉強会の課題をピンポイントに絞り、人数も30人程度。相互に会話をしてイベント後に自分の考えを整理でき、消化できる状態を目指して運営しています。

BEST PRACTICE

交流を深めるイベントは少人数、ピンポイントのテーマに絞る

東洋製罐グループHD／東洋ガラス

加藤優香理＆遠山梢

団体名　ホットワークス　2016年9月～

コンセプト　熱くやわらかく、ひろがる、つながる

社外の技術とコラボして入社以来の夢が叶った

加藤　東洋ガラスの若手社員をつなぐ「ホットワークス」が立ち上がったのは、2016年9月。それまでもゆるやかな交流会はあったのですが、ONE JAPANに加入するにあたって有志団体として名づけをし、枠組みを整えました。弊社の事業は90パーセント以上がガラスびんのBtoBの事業です。お客様がガラスびんから他素材容器に変更すると、一気に売り上げが減るお客様依存の商売。そこから一歩進むために新規市場開拓に力を入れると当時の社長が発表したのが、2016年のことでした。そのような背景もあって、企業が集まりオープンイノベーションに挑戦するといったONE JAPANの活動に参加することも、会社は応援してくれました。

ONE JAPANには、最初は東洋ガラスとして参加していましたが、今は東洋製罐グループ全体の有志団体として参加しています。もともと「ホットワークス」は、東洋ガラスの有志の集まりだったのですが、せっかくONE JAPANに参加するのだし、ぜひグループ全体で「ホットワークス」の活動を行いホールディングスとして参加したいと思ったのです。そこで、**経営会議でプレゼンして承認をもらいました。若手がそういった場で発表するのは異例だったようですが、東洋ガラスの社長に事前に話をして共感してもらえていたのが大きかったと思います。**会社公認の活動ということで、メンバーもONE JAPANに参加しやすくなりました。

私自身も、ONE JAPANで学ぶことが多々ありました。私は営業戦略部で新市場開拓をしていたのですが、社内にたった一人の担当者なので、孤独だし具体的な施策もわからない。そんな時に、その道を先に歩いている仲間がONE JAPANにいたのが心強かった。日本取引所グループの須藤さん（94ページ）や、ベネッセコーポレーションの佐藤さん（64ページ）には、どう活動して新規事業を進めているのか、いろいろ教えてもらいました。また、共同代表の遠山さんが中心となって、早速の企業コラボレーションが実現し、その試作品がC

EATECでもお披露目されています。

遠山　CEATECでは、3社でコラボレーションした、「光る乾杯びんプロジェクト」という試みを展示いただきました。

ONE JAPANで企画した『モノ・サービス博』がきっかけです。そこで、ONE JAPANならではの、企業間コラボしたものをプロトタイプでもいいから出せないかという話になったのです。アイデアを出すために、その場で各社の技術やサービスを伝えるショートピッチが行われました。その時に私は「感情を表現できるインタラクティブなガラスびんをつくってみたい」と話しました。実は、以前から温めていた企画なのですが、当時私は海外事業部にいたので、商品開発のプランを立てられなくて歯がゆい思いをしていたのです。そうしたらONE JAPANの中のある企業が、「うちの技術と組み合わせたら、プロトタイプが作れそう」と声をかけてくれました。さらに未来の飲料マーケットをつくりたいというサントリー食品インターナショナルさんが合流してくれて、3社で話を進めました。

乾杯をすると周りのガラス瓶もパッと明るくなる試作品が完成し、モノ・サービス博に出展できたのは、ピッチから2カ月後のことです。その後、CEATECを経て、SXSW（サウス・バイ・サウスウエスト）にも出展することができました。

ONE JAPANでの共創をきっかけに「やっぱり自分はガラスびんの新しい可能性を広げたい」という気持ちが強くなり、10年いた海外事業部から加藤さんと同じ新規開拓の部署に異動希望を出し、それを叶えてもらうことができました。「ホットワークス」の共同代表になり、ONE JAPANのメンバーに出会って、人生が大きく変わったと感じています。

加藤　社内に同じ課題に取り組む人がいなくても、社内にアイデアを実現する手段がなくても、社外とつながることで実現することもあります。外からのアプローチで中を揺さぶれるという経験則も見出しました。ONE JAPANのメンバーの力も借りながら、これからも新しい試みに取り組んでいければと思っています。

BEST PRACTICE

欲しい情報は、積極的に発信すると集まってくる

凸版印刷

坂田卓也＆山嵜和樹

団体名 TOPPA 2017年8月〜

コンセプト 難局からの突破（TOPPA）

印刷業の危機「この難局を現場の横連携で突破する」

坂田 「TOPPA（トッパ）」は、有志団体発足当時から、様々な部署を横断する人材を意識して声かけをしています。

事業部の枠を超えた付き合いは、同期に留まることが多く、知識としても全事業領域のリソースを把握している社員は、ほとんどいません。しかも、トッパンの事業領域が大きく変わる中で、事業部の枠を超えたリソースの連携が非常に難しくなってきたと感じたからです。

最初は10人ほど、強い課題意識を持っていそうな人に、私が直接声をかけました。

革新的な取り組みや、イノベーションを企てる際には、自社の強みを活かせという上司の指示に真面目に従い、社員は現状把握や棚卸しを行います。しかしネットワークがない状態でのこの作業に疲労し、諦めてしまう社員も少なくありません。これでは新しいことに挑戦し続けることは無理です。その突破口を開こうというのが「TOPPA」です。この名前には、現場でこの難局を「突破」しようという意味と、簡単に諦めて「NO」と言わない（Nのない）TOPPA「N」＝「TOPPA」を掛け合わせています。

今は、直接声をかけたメンバーがそれぞれ少しずつ有志を連れてきてくれて50人くらいの団体になっています。決して第二の労組になることが目的ではないので、やみくもに人数を増やそうとは考えていません。会社や社会の課題を解決したいという思い入れを持ったメンバーで、プロジェクトベースで、活動していきたいと考えています。

早速、具体的な活動実績も出ています。トッパンが出資するスタートアップへの支援施策の一部が、TOPPAメンバーの連携により決定したり、新しいアライアンスパートナー開拓を一緒に実施したりと、新しい動きが生まれています。

山嵜 印刷業がダウントレンドであることは間違いありません。でもその一方で、人々が「印刷」に期待する可能性を広げていくことも業界のリーダー企業としての責務だと思っています。お客様からはなぜ社名から「印刷」を外さないのか？と質問を受けることもありますが、「印刷」に新しい可能性があるからだと、私個人は感じています。ですから、これまで印刷業で築いてきた技術、人財、信頼などの資産を活用して、新たな「印刷」の需要を創造していきたいと考えています。

BEST PRACTICE

思い入れを持ったメンバーで、プロジェクトベースで活動する

トヨタ自動車

武田雄一郎＆土井雄介

団体名　mo.TOYOTA　2014年1月～

コンセプト　もっと会社を小さく、もっと視野を広く、もっと想いを形に

個々の純粋な「やりたい」を実現できる場をつくる

武田　「ｍｏ．ＴＯＹＯＴＡ」は、「もっといいトヨタをつくろうよ」を理念としています。もともと社内のアイデアコンテストに応募したメンバーの集まりがスタートです。このコンテストには40年の歴史があるのですが、多くのチームは部署内で仲間を集めて参加します。しかし私は、過去に参加した東富士研究所内横断プロジェクトの経験が鮮烈だったので、もう一度部署を超えたモノづくりをするために「２０２０年のオリンピックに向けたアイデアを考えよう！」と呼びかけてチームを作りました。その直前にＯＮＥ ＪＡＰＡＮ代表の濱松誠さんに会い「Ｏｎｅ Ｐａｎａｓｏｎｉｃ」の交流会に参加させてもらったことも、有志団体としてコンテストに挑戦しようと思った理由のひとつです。有志の仕組みで会社を動かすことができることに感銘を受けたのです。

　アイデアコンテストでは、所内の様々な部署から15人ほどが集まり、オリンピック選手の動きを体感できる3メートル×3メートルほどの大きさの乗り物をつくり上げました。これは、実際に乗り込むと、新体操選手の3次元の動きを誰もが体験できるものです。

　コンテストは残念な結果に終わりましたが、この時に気づいたことがあります。それは、**「純粋にやりたいことをするために集まったメンバーは、誰もが率先して手を挙げ、自分が貢献できる分野で120パーセントの力を出そうとする」**ということ。部署を超えたつながりで行う取り組みに、大きな可能性を感じました。

　現在は、「ｍｏ．ＴＯＹＯＴＡ」の新メンバーの提案から、「Ａ-1コンテスト」という社内ビジネスコンテストを開催、運営しています。このコンテストは、部署を超えたメンバーがチームを組み、3カ月間かけてアイデアを磨いていくもの。トヨタを牽引してきた部次長がメンター役を買ってくれているので、技術的な側面のサポートはもちろんのこと、「このアイデアなら、この部署とつながった方がいい」などといったアドバイスもしてくれます。こういった経験はコンテスト期間中だけではな

く、その後の業務でのモチベーションにもつながっているようです。**本来私たちにはそれぞれ、「仕事や人生においてて実現したいこと」があったはず。**そんな個々の純粋な「やりたい」を実現できるプラットフォームに育てていきたいと考えています。

土井　ONE JAPANに参加するようになってからは、他企業の参加団体のメンバーとビジネスコンテストに参加したり、今注目のトピックについての勉強会を一緒に行ったりといった活動も増えています。最近ではIBMの方々と協力して主催した「AIツール」の勉強会に「mo.TOYOTA」のメンバーが参加し、実際にIBM製品のコードを書くワークを体験しました。**トヨタには「現地現物」というフィロソフィーがあり、実際に体験する場に参加すると火がつく人が多い。**社内の活動だけでは巻き込めない人たちも、こういった他社との交流には興味を持ってくれることが多いので、ONE JAPANの仲間の力を借りながら、社内外で一歩踏み出す人を増やしたいと考えています。

また、ONE JAPAN参加企業の中には、東海地方に本社、支社、研究所などを持つ企業がいくつもあり、より密な活動を進めようとしています。そういった〝東海メンバー〟たちの活動の中でも、今、大きなうねりになっているのが「ONE JAPAN ハッカソン×Tokai」。パナソニック、JT、デンソー、アイシン、豊田通商といったONE JAPANに参加する有志団体はもちろんのこと、「東海地方から日本を盛り上げていきたい」という考えに共感していただき、名古屋の企業であるブラザー工業や東和不動産などの有志メンバーも企画チームに参加しています。IT企業のエイチームや、名古屋大学をはじめとする産学連携企画である「Tongali」とも連携するなど、東海は今、いろんな人たちが変わろうとしている強いパワーを感じます。

トヨタには創業時から伝わる「障子を開けてみよ。外は広いぞ」という言葉があります。他社のリーダーたちに刺激を受け、地域のみなさまに助けてもらいながら、地域と会社を盛り上げる活動を目指します。

BEST PRACTICE

地域を切り口に他社とのコラボレーションを生み出す

豊田通商

須原浩一

団体名 **着火部**
2015年4月～

コンセプト 個の力を高めて、人・組織・会社・世界を変革する火種となる

仲間の条件は「人の心に火をつけられる」こと

「着火部」の方針は、個人の成長と会社の変革の2軸です。個人の成長は①やりたいを見つける、②スキルアップする、③実践を繰り返すの3つ。会社の変革は①縦横斜めの社内外ネットワークづくり、②チャレンジできる風土・文化づくり、③着火部メンバー発の新規事業創出の3つで実践を試みています。

世の中のテクノロジーを中心とした変革に取り残される危機感や、事業創造を求められるのにスキルや経験が不足しているといった課題感から、共に戦う仲間を社内外でつくるために「着火部」を立ち上げました。

「着火部」は「人の心に火をつける」「火種を大きく育てる」メンバーを増やすことが目的ですが、一気に火種を増やすと弱い火が広がりすぐに消えてしまいます。そこで、少しずつ自分たちに近い人たちから着火していき、徐々にその火を大きく、強くしていくことを重視しました。 2015年に5人でスタートし、2016年は16人、2017年50人、2018年70人(8月15日時点)と、徐々に仲間を増やしています。

最初の1年間は、社外のイベントや有志活動をしている団体と交流しながら、どんなことができるか考える期間にしました。その後、勉強会やアイデアソン、アルムナイ(卒業生)を招いた講演会などのイベントを企画開催しながら少しずつ仲間を増やしていきました。

2017年には公式部活動となり、社長を含めた経営層やマネージャー層からも応援してもらえる活動となりました。最近では事業創出にチャレンジする仕組み・風土の必要性など、若手や中堅層が課題と感じていることややりたいことを経営層に伝える活動も積極的に行っています。

BEST PRACTICE

少人数でスタートし、強い絆をつくっていく

日揮

川村知己

団体名 JGC3・0　2015年1月～

コンセプト 多様性という強みを最大限発揮する

「毎週火曜のランチ会」は、まもなく200回に

2015年に社長号令でスタートした社内の業務改善運動。予定されていた2年間を終えた頃に、このつながりをこのまま続けようと有志団体に引き継いだのが、「JGC（ジェイジーシー）3・0」の成り立ちです。

ずっと続けている活動が、毎週火曜日のランチ会。社内外の人を呼んで話を聞きながら交流するこの会が、現在185回目（8月15日現在）になっています。このランチ会は公私を問わないテーマ設定をしています。事業開発やエンジニアの人に来て話をしてもらう時もあれば、出張やセミナーに行った経験のシェアもあるし、最近読んだ本や家族の話といった回もあります。

毎回10～15人、テーマによって様々な人が来ます。**長く続けるコツは、参加者がたとえ数人でも火曜日に必ず開催すること。話すテーマはゆるく。何もネタがなければ自分が話すくらいの敷居の低さで続けてきました。**リピーターが半分ですが、ほぼ毎回初めて来てくれる人もいるので、継続が重要だと思います。ここでのつながりがきっかけで、アプリを使って社内改善の種をアイデア出しするような取り組みもスタートしました。

ONE JAPANの活動には、若手だけではなく人事部長や組織開発マネージャーも参加しています。それがきっかけで、日揮内にある自己啓発支援の仕組み（JGCテクノカレッジ）のゼミに正式団体として登録されました。そこの掲示板で活動告知ができるようになってから、また新たな参加者が増えています。

ONE JAPANの中では、東芝さん、川崎重工さんの有志団体と「JGC3・0」でリベラルアーツを学ぶ研究会をやっています。家族をテーマにした回ではそれぞれの家族を連れてきて交流会をしました。ONE JAPANの活動はどうしても土日に集中するのですが、この交流会ができたことで、家族からの理解が得られ、ONE JAPANの活動がしやすくなっています。

BEST PRACTICE

継続性を持たせて常に新しい人が参加しやすい環境を作る

日本郵便

福井崇博

団体名 P∞（ピース） 2015年5月～

コンセプト 「若者」に活力が溢れる状態を目指す

一人ではムリ。社内の尖ったメンバーを誘い、強いチームをつくる

2年間ローソンに出向して刺激を受け、「自分が会社を変えてやろう」とやる気まんまんで会社に戻ってきたのですが、**早々に「やっぱり一人で会社を変えられるわけがない。仲間が必要だ」と気づきました。**そこで、先輩と2人で、何かやろうと話し合いました。これが、有志団体「P∞（ピース）」立ち上げのきっかけです。ローソンで経験した、スピード感、若手もチャレンジする文化、そして縦割りではなく横串プロジェクトがたくさんあること。このような土壌をもっと自社にもつくれたら、と思いました。

最初の半年間は6人で自社や他社の中期経営計画の分析などの勉強会をし、次の半年はメンバーを少し増やして10人に。そうこうしているうちに、NTTグループの有志団体「O-Den」の代表山本将裕さん（22ページ）に出会ったことで、同じ有志団体の代表として「O-Den」のイベントでゲストスピーカーとして話をさせてもらいました。これが、ひとつのターニングポイントでした。

同じ頃に立ち上がった団体なのに、「O-Den」のイベントには50人も集まっていて、一人ひとりの熱量がすごい。このイベントを体感して、火がつきました。少人数でこつこつと勉強会をやっているだけではなく、もっと仲間を増やして、会社をより良く変える土壌をつくるというところまで活動を広げたいな、と。

2016年の春に「O-Den」のイベントに参加して、その後すぐに団体の目指すべきビジョンをみなで話し合いました。各自がこれからやりたいことを共有する段になると、もちろん会社に対しての不平不満も出てきます。けれどもそれ以上に、誰もがこの会社の社会的使命に誇りを持っていることが共通項だったんです。それならば自分たちがリーダーとして会社を動かし、そして今の人事制度だと民営化後の採用世代が引退することになる30

年後まで責任を持ってやっていこうという意味を込め、スローガンを「Ｔａｒｇｅｔ２０４６」にしました。

そこからは、僕だけじゃなくて他のメンバーもどんどん仲間を誘うようになり、ＯＮＥ ＪＡＰＡＮが始まる頃には40人ぐらいになっていました。

「ピース」が加速できたのは、この初期段階の仲間集めにあったと思います。「意識高い系」とか「ダサい」とか思われると、社に影響を与える存在にはなれないと思ったので、最初は意図的に尖っているといわれる社内の同世代に声をかけるようにしました。部署のエースといわれるような人や、駐在経験や出向経験がある人を中心に声をかけていきました。結果的にですが、一度外に出たことなどで会社に明確な課題意識を持っているメンバーが集まりました。

「ピース」の活動の方向性はＯＮＥ ＪＡＰＡＮと似ています。ひとつはイノベーションの素地づくり（つながりづくりやインプット）と、もうひとつは具体的なアウトプットの2階建て。素地づくりだけだと「どんな成果があるのか?」と聞かれてしまうし、アウトプットだけではついていけない人が出てくる。両輪を走らせるのが重要なのだと思います。

昨年は、ピース内の分科会が中心となり、墨田区と台東区の地域のお祭りの実行委員会と組んで、「お江戸のハロウィン」というお祭りを手伝いました。「オマツリジャパン」という各地のお祭りをサポートする企業と組んで、実行委員会と一緒に企画、実行まで関わらせてもらいました。町の人とＴｏＤｏを一緒につくったり、綱引き大会や仮装コンテストの運営をしたり。しかし、それだけではただのボランティアになってしまいます。何かひとつ「郵便局ならでは」感がほしい。そこで、会社を通じてお祭りオリジナルの消印を製作しました。また、地元の郵便局にお願いし、切手や葉書の販売や、そのオリジナルの消印を押印するサービスを提供する臨時出張所を出してもらいました。さらに、来場していただいたみなさんのハロウィンの思い出を、離れて暮らしているおじいちゃんやおばあちゃんに送れるようにと考え、僕らが仮装の写真を撮って、それをその場で葉書に印刷してすぐ投函できる企画をつくりました。

ここでわかったのは、実際に地域で行動しながら、お祭りを開催する側、参加する側の隔てなく、「楽しんで」

お祭りができるよう、考えていくことの重要性です。机上で「地域との連携」といっても、その方法は、地域により様々でマニュアル化できるものではありません。そこで、お祭りやハロウィンでイメージできる「楽しさ」を共通のテーマとして追求し、お祭りの開催・運営にあたりました。またその中で、自社サービスの提供価値を肌で感じることで、自分たちの考えにも自信がつきました。

ONE JAPANのソーシャルインパクト分科会でメンバーと進めているのは、生産年齢人口の減少が大きな課題となっている横須賀市を舞台にした、「横須賀プロジェクト」です。僕たちが企画したのは、日米合同教育という事業を手がける「横須賀バイリンガルスクール」の学童向けの会社見学会。横須賀にはアメリカの海軍があるので、アメリカ人が多いのですが、アメリカ人はアメリカ人同士、日本人は日本人同士のコミュニティに閉じてしまうことが多いそうです。日本の文化に触れる機会があまりないアメリカ人の子どもたちに日本の会社を知ってもらうという企画でした。参加いただいた子どもたちの表情は好奇心や満足感にあふれていました。**僕たち日本企業が提供している、普段は当たり前のように感じてしまいがちなモノ・コトが、万国共通に価値のあるということ。改めてその気づきを得られ、自分たちにとってもよい経験になりました。**

日本郵便は全国に拠点がある、地域と一心同体の組織です。けれども、東京の霞が関の本社で「地方創生」や「地域の課題」を議論していても、本質的なところがやっぱりわからない。これからも、こういった地域のイベントや課題に取り組むことで、「ピース」、そして日本郵便が社会に対してできることを考えていきたいと思っています。

BEST PRACTICE

駐在や出向などの社外に出た人は、自社に明確な課題意識を持つことが多い

ハウス食品

児島さゆり

団体名　エンジョブ！　2014年11月～

コンセプト　NO FUN、NO WORK

外部と交わり新たな刺激を取り込むハブになる

「エンジョブ！」には3つの想いが込められています。①「Ｅｎ・ｊｏｙ Ｊｏｂ」＝仕事をもっと楽しもう、②「援助部」＝助け合える組織にしよう、③「炎上部」＝熱く燃える組織にしよう、の3つ。のべ参加者１５００人で、これまでに40のイベントを開催しています。

「エンジョブ！」は、会社が「もっと交わろう！」というメッセージを発信している中、具体的に社員同士が交わる場を一緒になってつくってほしいと、組合から会社に働きかけて誕生した、労使共同の取り組みです。

私はもともと研究職です。研究所にいたときは同じ部署の仲間同士和気藹々と仕事をしていましたが、本社の製品企画部門に異動となり、仕事がら様々な部署との関わりを持つようになりました。そこで感じたのが部署間の連携の難しさ。毎回「初めまして」ではなく「ああ、○○さん！」と言って仕事を始めることができたら、もっとスムーズに仕事が進むのにと思い、新しく設立された「エンジョブ！」に創設メンバーとして参画しました。

最初に行ったイベントは、自社製品をもっと知ろうという取り組みです。新製品が発売になっても、製品を企画した該当部門以外は、詳しく知る機会がない。だったら新製品をみんなで食べながら部署間を超えてコミュニケーションが取れるイベントをしてみようと企画し、好評を博しました。以降、イベントを重ね、社内でも一定の認知が得られるまでになりました。

その一方で、「会社にいるからには本業がメインだろう。有志活動のメリットはどこにあるの？　時間がもったいなくない？」などと言われて気落ちすることもありました。またわれわれ自身も「次のイベントは何にしよう」「人が集まらなかったらどうしよう」など、まるでイベントの企画屋のようになってしまい、何のための活動なのかの意義を見失いかけた時期もありました。

そんな閉塞感に苛まれていた時期に、ＯＮＥ ＪＡＰＡＮを通じて、他の有志団体のみなさんと出会いました。たくさんの刺激をもらうことで、自分たちの活動を見つめ直す機会となり、「エンジョブ！」を進めていく上での大きな方向性を2つ決めることができました。

ひとつは**自分たちがもっと楽しむということ。ややもすると「会社を変えるために私たちは頑張っているのに！」と自己犠牲を匂わせた活動になりがちですが、そういう活動は長続きしないことに気づきました。**「意識高い人たちがやっている勉強会」だと思われたら、人も集まらない。人が集まらなければそもそも「人の交流を増やして仕事を楽しくしていきたい」というチャレンジも達成できません。その原点を確認してからは、「自分たちがやりたいことを楽しくやっている会なので、興味があったら参加してね」という目線を大事にしています。

もうひとつは、外部と交わるためのハブ役を担っていくこと。ONE JAPAN参加団体のひとつである富士ゼロックスの「わるだ組」とコラボレーションし、「面白いバーベキュー」をテーマにアイデアソンを行った結果、社内メンバーだけでは思いつかないであろう斬新なアイデアを次々と生み出すことができました。実際に出たアイデアのひとつ「蛇口からカレー」をバーベキューで試験的に実施したところ、参加者からは大好評！　残念ながら衛生面などの課題もあり、本業での施策と結びつけるまでには至りませんでしたが、「エンジョブ！」がハブ役を担い、新たなアイデアを本業に取り込む可能性を感じることができました。

また、ONE JAPANのつながりで実施されたソニーの会社見学会にハウスもエントリー。この会には弊社役職者も参加してくれ、「いい活動をしているね」と認知してもらうことができ、「エンジョブ！」の活動を役職者クラスに応援してもらえるきっかけにもなりました。

現在弊社では「ハウス版働き方変革」が進んでおり、「アフターファイブをしっかり取り、学ぶ機会を増やしていこう」という流れが生まれています。「エンジョブ！」とONE JAPANを通じて、一人でも多くの社員が外部からの刺激を得て、本業での成果につなげてもらえると嬉しいです。

BEST PRACTICE

多くの人を楽しませるために、まず自分たちが楽しむ

パナソニック

本田慎二郎＆濱本隆太

団体名　One Panasonic　2012年3月〜

コンセプト　一歩踏み出す個人をつくる。クロスバリューイノベーションを実現する

マネジメントを疑似体験「1on1の対話で原体験を掘り起こす」

本田　「One Panasonic（ワンパナソニック）」は、大阪、東京、名古屋、福岡に代表を置いて活動をしていて、私は東京代表、濱本は前名古屋代表で中心になってやっています。実は今、「One Panasonic」は第二次立ち上げ期にあるんじゃないかと思っています。

濱本　僕も同じように感じています。「One Panasonic」ができた2012年は、前年から続く巨額の赤字決算で会社全体に危機感が強かった。そんな状況だったので、「One Panasonic」を除くと社内で新しい取り組みをすることは少なかったんです。でも今は経営も好調で、ビジネスイノベーション本部ではパナソニックβという新しい取り組みが行われています。私自身も本業（ゲームチェンジャー・カタパルト）で新しい領域の仕事ができています。そういう活動が社の公式事業として動いている中、有志の「One Panasonic」だからこそできること、やるべきことを見つめ直す時期にさしかかっています。

本田　**津賀社長（現パナソニック社長）は「One Panasonic」の活動に3回来ています。6年前と今では、社長が発信するメッセージも変化しています。有志団体とはいえ、パナソニックあっての「One Panasonic」なので、会社の環境が変われば、それに合わせて組織も変えなくてはならないはず。**

濱本　それに加えて、メンバーのモチベーションも変化してきているんですよね。初期メンバーは「会社をより良くするために何かしよう」というアウトプット派の人が多かった。でも今は、「One Panasonic」に憧れて入ってくる新入社員も多いから、「『One Panasonic』は自分に何を与えてくれるのだろう」とインプットを求めている人も少なからずいる。

それ自体はもちろん、悪いことではありません。でも、

「One Panasonic」のミッションは2つあって、ひとつは、「一歩踏み出す個人をつくる」。もうひとつは「クロスバリューイノベーションを実現する」なんですよね。それを実現するためには、自分自身を含めて主体的にアウトプットできる人間になっていかなくてはならないと思っています。今の僕たちの課題はそこにあります。

本田　僕自身の話でいうと、最低でも半年に1回は、1on1でメンバーの話を聞くことを自分に課しました。一人ひとりとランチや夜ご飯に行って、「で、何したいの?」と掘り下げていく、地道な作業です。でも、これがいいんですよね。

というのも、それまではメンバーに会える機会が月に2度の会議しかなかったので、その人がどうして「One Panasonic」に入ったのかがわからなかったんです。その状態だと、単に「One Panasonic」のあるべき姿を語って「じゃあ、これやって」というカタチで押しつけることになってしまいがちで。でも、その人のやりたいことを先に聞いて一緒に考えていけば、その人自身が「One Panasonic」で自分は何ができるかを主体的に考えることができます。

濱本　僕も同じように考えています。人が自分からぱっと動こうと思えるためには、何か自分のモチベーションとなる原体験が必要だと思うんです。**だから、「One Panasonic」のメンバーで「自分年表」を一緒に作ったり、過去のことを話し合ったりして、お互いどんな原体験をしてきたのかを話し合う場もつくっています。**本田が先ほど話した1on1もそうですが、何のためにここにいるかが明確になれば、自分で動けるようになる人も多い。

本田　実は僕、一度「One Panasonic」を離れ、グロービス経営大学院に行っていたんです。そこではコミュニティがイノベーションに源流になることを学びました。その時にやはり「One Panasonic」は企業にとっても、個人にとっても、重要な役割を担う組織なんだと確信できたんですよね。だから今「One Panasonic」では、そこで学んだことを全て行動にうつしていきたいと考えています。

「One Panasonic」でマネジメントの疑似体験もできる。会社とは特性が異なるある意味リスクフ

リーな環境で地域代表をさせてもらっているし、グロービスで学んだことを試すこともできる。いつかパナソニックで組織の責任者になった時に、「One Panasonic」でいろいろ検証したことが活かせるというのは、ありがたい。

もちろん周りから見れば、「どうせお金絡んでいないんだろう」とか、「予算責任もないんだろう」と言われるかもしれませんが、やるか、やらないかは全然違う。しかもそれを本気でやるか、やらないかは、違う。

濱本　今、自分にとっては「パナソニック」という組織と、「One Panasonic」という組織の存在が、等しく重要な存在になっています。それくらい、自分の人生にとって重要な体験ができる場。だからこそ、心血も注げるのです。

BEST PRACTICE

リスクフリーな環境で、学びを実践して血肉化する

富士フイルム

松田圭介

団体名　くものす　2016年10月〜

コンセプト　思いや情報をキャッチする

小さな会議室を借りて「自部署の良いところを語り合う」だけでいい

「くものす」ができたのは、2016年10月です。その前月の9月にONE JAPANの総会があったのですが、その記事を見た仲間が、うちでもこういった活動をやりたいねと盛り上がったのがきっかけです。

活動を始めるにあたっては、富士ゼロックスの大川陽介さん（42ページ）に何人かで話を聞きました。そこで大川さんから、「一人ひとりの〝楽しい〟の集まりこそが会社をより良くするはず。そのためには上辺だけの会話でも、形式上の議論でもない、お互いを本当に理解し合うための対話が大事なんだ」という話を聞きました。大川さんの表情には信念の強さと仲間を想う優しさがあふれていて、今まで出会った同世代には感じたことのない強い衝撃を受けました。同時に「私たちもこういう取り組みをしていかないと、本当に世の中の流れから遅れてしまう」という危機感も感じました。

「くものす」の活動は、一番軽いものだと、小さな会議室を借りて「相手の本音を聞き出す方法」「自分の部署の良いところを語り合おう」といったお題で5〜6人で語る会。これは2週間に一度定期的に開催しています。最近では社会課題を考えるワークショップや、グラフィックレコーディングといってイラストで対話とその時の感情を記録する手法をみんなで勉強しています。

社外の方をお招きすることもあります。埼玉大学准教授で経営学者の宇田川元一先生とは、「組織や有志団体の悩みを解決するには、まずその悩みや弱さを認めて語り合うことが大事」といった議論をしました。

「くものす」という名前には想いや情報をキャッチするという意味合いがあります。部屋の端っこで活動し、取り払われてもへこたれず、縦横無尽に広がるイメージ。若手のプラットフォームの場を目指しています。

BEST PRACTICE

「部屋の端っこで活動し、取り払われてもへこたれず、縦横無尽に広がる存在でありたい」

ホンダ

宮川春香＆松田年史

団体名 Be Honda 2015年1月〜

コンセプト 自分らしく生きる。社内外の同世代と議論し、アップデートの場を提供

同じ会社にいながらキャリアをアップデートし続ける

宮川 自動車メーカーは100年に1回の変革期と言われています。水素やEVなどの電動化、自動運転、AI技術の開発と、実現後の社会インフラや生活の変化、車両単体に依存しないビジネスモデルの開発と、既存技術の進化に加えてこれらも同時にやっていかないと生き残っていけないことに、誰もが危機感を抱いています。でも自分で課題を見つけて、プランニングをして、物事を成し遂げていく経験が誰にでもあるわけではないんですね。**各領域の専門家の集まりで成り立っている会社でそういったチャレンジを業務の中でみながやるのはちょっと難しい。**だったら、どのセクションでもやっていないことを自分たちでできるようにすればいいんじゃないかと思ったのです。同じことを考えている知り合いに声をかけて作ったのが「Be Honda（ビーホンダ）」でした。

松田 最初に始めたのは「もっとお客様のことを知ろう」という勉強会。なぜお客様だったかというと、あらゆる部門をまたいで共通して向き合えるのがお客様だと考えたから。「世界の新興国市場で私たちができることを考える」「ビッグデータを活用した顧客価値のつくり方」などのテーマを設定し、研究職も総合職も対等に話し合う場をつくることができました。

宮川 勉強会を重ねるうち、同じ志を持つ仲間がいることが、チャレンジを後押ししたり情熱を維持する上で大きな支えになる、という声が多いことに気がつきました。こういった声を整理し、また私たち事務局の人間の動機も改めて掘り起こして、勉強会のミッションを明確化しました。

現在「Be Honda」は、〝想い〟を軸に行動を起こす機会を増やし、〝自分らしく働く〟ことで、結果的に組織や社会に成果を還元していくことを目指しています。

松田 今、「Be Honda」のイベントや勉強会には、鈴鹿や栃木や熊本から頑張って来てくれるメンバーが増

えています。四輪だけではなく、二輪のバイクや、パワープロダクトという芝刈り機や、船のエンジンなど、そういうメンバーがみんな集まって議論すると、驚くほど勉強になります。その交流がきっかけで、研究者同士の情報交換がとても早くなっていることを感じます。例えば二輪で商品企画をやっている人が、四輪で研究した技術の情報を収集して企画にしたりといったことが起こっています。

私自身も、この会社で18年も働いてきて、自分は会社のことを何も知らなかったと気づきました。そして「経営者はこういう視点で会社を見ているんだな」ということも想像できるようになりました。私はずっと四輪について経験してきたけど、経営者には二輪も、パワープロダクト部門も、それ以外の他社の情報も入っていくわけですよね。その視点から物事を見ると、全然違って見えるんだろうな、と。

「Ｂｅ Ｈｏｎｄａ」での活動で会社全体を俯瞰する「経営者」の目線を想像できたように、ＯＮＥ ＪＡＰＡＮに参加したことで、他社の情報も見えるようになりました。ＡＩの現場で何が起こっているのかとか、家電メーカーで何が起こっているかといったことを知ることで、情報がつながり、「会社」だけではなく「社会」がだんだん見えるようになったんですよね。

本業だけではなく、有志団体で広いつながりを得ることは、新たな視点を獲得することになります。社会や会社の中における自分の立ち位置を構造的に理解することができます。単線的なキャリアに終始してしまいがちな大企業社員の課題を解決し、経験値を高めることにつながります。

また、有志団体に参加し、運営していくことは、組織の上位層に頼らなくても、自分自身で自律して業務を推進するスキルの習得につながっていると思います。これは、経営者目線の獲得といってもいいかもしれません。

いずれも、その後のキャリア形成にも良い影響を与えると感じています。

BEST PRACTICE

他部門と情報交換をし、会社全体を知ることで、経営者目線を獲得できる

ミサワホーム

広中秀俊

団体名 MISAONE 2017年1月〜

コンセプト ミサワを1つに、ミサワを1番に、ミサワを1歩前に

社外とつながることで落合陽一氏とのコラボレーションを実現

「MISAONE（ミサワン）」は、ONE JAPANに加入したことで、活動の幅が一気に広がりました。

ONE JAPANのメンバーと取り組んでいることはいくつかあるのですが、そのうち4つをご紹介します。

まずひとつは、ONE JAPANのメンバーを「MISAONE」に呼んで講演をしてもらっていること。例えば最近では、ハウス食品さん、日本郵便さん、東急電鉄さんなどに来ていただき、「人生100年時代の男性育休1年時代」と名づけたショートピッチとパネルディスカッションを行いました。

様々な業種の方の知見を聞けることは、「MISAONE」メンバーのヒントになったり、モチベーションアップにつながったりしています。

2つ目は、筑波大学の落合陽一先生とアイシン精機が共同研究したパーソナルモビリティ向け自動運転技術（自動運転車椅子の一種）の現場テストへの協力です（224ページ）。

ミサワホームグループの介護施設で現場テストを実施してもらい、その様子がテレビ番組『情熱大陸』でも放送されました。ONE JAPANの中で住宅メーカーはミサワホームだけなので、住宅や介護やまちづくりに関連する分野で今後もいろいろなコラボができると思います。当社の住宅展示場を貸し切って、ONE JAPANのハッカソンの場として提供したこともあります。

3つ目は、ONE JAPANでの分科会活動です。以前私が経理部員だったこともあり、経理職が生産性を高めるための分科会「経理ネクスト」を進めています。業務にどんなツールを使っているか、コミュニケーションをどうやって進めているかなどの情報交換をしています。特にコミュニケーションツールは各社全然違っていて、チャットのところもあれば、メールが主のところもあり、他社の話を聞くことで自社の仕事を点検できます。

今後は、働き方改革がスタートした後の生産性の工夫を共有していきたいと考えています。

最後は「産官学インパクト」。これは、ONE JAPANメンバーである富士フイルムの塚本直樹さんが今、内閣府に出向しているので、そのつながりで私と塚本さん、そして内閣府の方の3人で企画したものです。実は、内閣府の中にも若手の有志団体「Careenet Office」があります。これまでに2度ほどピッチ大会兼懇親会を行い、「Careenet Office」とONE JAPANの代表者たちが交流をしました。

民間の社員が官僚と接することはほとんどありません。そしてそれは先方も同じ。このつながりから、新たな提言やアウトプットができないかを模索しているところです。**また、20代、30代の時期に官民の若手がつながり連携することは、ゆくゆく大きな財産になるだろうと思います。**

これ以外にも、ONE JAPANとのコラボレーションがいくつか進んでいます。「MISAONE」を運営し、ONE JAPANに参加したことで、社内のBR（Business Revolution）働き方改革推進室に加入することができ、「有志活動」を「業務」にすることができました。会社に対して外部連携の機会を提供できたのではないかと思いますので、今後もオープンイノベーションを推進していきます。

BEST PRACTICE

出向メンバーを頼りに産官学のつながりをつくる

三越伊勢丹

額田純嗣

団体名 **未来の風** 2013年2月～

コンセプト 百貨店のパラダイムシフト

社内交渉で重要なのは「大義、情熱、デメリットの提示」

始まりは、もともと第一線で活躍していた50代の2人とスタートした「明日の風」という名前の交流会です。2人がそれぞれの人脈で著名なゲストを連れてきて、私が若手に声をかけて、話を聞き交流をするといった趣旨の会です。

会は新宿三丁目の「どん底」という芸能人がよく集まるダイニングバーを使うことが多く、芸能人や、世界的に活躍するデザイナーの方々も来てくださいました。そういうおしゃれな場所で開催すると、参加費は1回5000円くらいかかります。でも僕らはファッションビジネスですし、そういった場所で著名な方々から刺激を受け取ることは、とても大事なんですよね。何の人脈も持っていない若手に対して、50代の2人がハブとなって、いろんな人と出会える場をつくってくれたことにとても感謝しています。**会の発起人の1人だった藤巻幸大さんは「人の人生や可能性を広げられる人間になれ。そのためにも社会で挑戦する一級人と触れろ」とよくおっしゃっていました。**

ところが、その藤巻さんが2014年に亡くなられたんです。その後も僕はその遺志をついで「明日の風」を運営していたのですが、1カ月に1回で3年間。35回の交流会をした時に、これをひとつの節目にしようと考えました。ここからは先輩がつくってくれた枠組みではなく、若い世代が自発的につくる有志団体にしようと思ったのです。私自身、「明日の風」で先輩方に「斜めの関係」を作ってもらったことにとても感謝していたんですよね。だから後輩にもそうしてあげたいと思った。自分がギブしてもらったから、それを下に伝えたい。再スタートの時に、名前を少しもじって「未来の風」と変えました。交流会は変わらず続けていて60回を超えましたが、それだけではなく、ここでの出会いがきっかけで現在までに21のプロジェクトが実施されました。ファッションショーや、ミュージックライブ、骨格診断、オリジナルブランドの立ち上げなど、「未来の風」の若手が中心となって発案された企画は多岐にわたっていて、マスコミにも多数取材してもらっています。
「未来の風」の活動も、ONE JAPANに入っていることも、人事は認知しています。だからどちらもオフィシャルな活動といえばそうなのですが、ふらっと遊びに来る感覚で参加する人に来てほしいので、オフィシャル感はそこまで強く打ち出していません。

このことひとつとってもそうなのですが、**あまり白黒はっきりつけず、グレーの状態で活動をしたり、企画を通したりする交渉も企業の中では大事だと思います。これは有志団体の活動だけではなく、本業にも通じるコツかもしれません。**特に大企業では白か黒かと突きつけてしまったらNGだけれど、グレーなことはよくあるので。

社内交渉の際に大切にしているのは、①社業に活きているか、②お客様満足につながっているか、③個人の成長につながっているか。この3つのうち少なくともどこかにつながっていることを伝えること。実際にやると、**大義と情熱があれば、応援してくれる人は多いものです。**

それから、もうひとつはデメリットもきちんと提示すること。何かトラブルが起こったとしても、せいぜいこの程度のリスクだからと先に伝えておくことです。今の時代はやるリスクよりやらないリスクの方が大きい。管理職の立場なら、、リスクがそこまで大きくないなら「好きにやっていいよ」となりやすい。

今、「未来の風」で一番手こずっているのはメンバーの新陳代謝です。僕ももう39歳。コアメンバーも30代半ばにさしかかっているから、30歳くらいのメンバーにリーダーになってもらって、世代交代したいと考えています。僕たちは5000円で、社内のスーパースターや社外の一流の方々と会えるなら安いものだと思っていたし、そういう人たちを呼ぶためには場所選びも重要だと思っていましたが、一度その枠組みも取っ払って、若手が参加しやすい方法を若手自身に考えてもらうのがいいのかなと。

ONE JAPANに加入したことで、若いメンバーのモチベーションは確実に上がっていると感じます。他の企業の人たちの活動に刺激を受けて「若手でも、ここまで自由に会社に提案していいんだ」と話すメンバーもいました。**ONE JAPANがきっかけのコラボレーション案件も進んでいます。1年ほど前、ONE JA**

PAN内でシェアリング事業のトライアル先を探していたシステム会社の人に、三越伊勢丹の担当者を紹介しました。その結果、その会社のシステムを活用し「百貨店の服をシェアリング（有料レンタル）する」というアプリを通じたサービスが銀座三越でトライアルスタートすることが決まったのです。三越伊勢丹側は、20代の若手がこのプロジェクトの中心になっていたのですが、他業種のしかもシステム会社と組んでの仕事は、刺激的だったようです。

百貨店は斜陽産業といわれ、市場規模が縮小している業界です。顧客の高齢化も課題になっています。その業界で、衣料品シェアリングサービス（有料レンタル）といった若いミレニアル世代を視野に入れた新しいビジネスをテストすることは、ビジネスの可能性を拡大する意義のある取り組みだと思います。今回のように20代の若手が、自分たちの未来の仕事をつくる取り組みができれば、業界にも新しい風が吹くのではないかと感じます。

仕事へのモチベーションを上げるだけではなく、他業種とのコラボレーションやオープンイノベーションが進む場として、ＯＮＥ ＪＡＰＡＮが機能していくことを期待しています。われわれも積極的に交流をしていきたいと考えています。

BEST PRACTICE

白黒つけずにグレーゾーンでの着地も視野に入れる

三菱自動車

青木大延

団体名 ONE MMC 2016年12月～

コンセプト 昨日よりちょっと成長できる場を提供する

上長へのプレゼンは「できること」を「紙芝居」にする

社長ではないから組織をドラマティックに変えることはできないけれど、僕たちのような若い世代が自分の会社でできることはないか、と考えたのが2016年。会社に不祥事があって若手社員の多くがキャリアについて不安を抱えていた時のことでした。僕は2016年にグロービス経営大学院に通っていたのですが、その時勉強したことを、今活かさずしてどこで活かすといった気持ちもあり、「ONE MMC（ワンエムエムシー）」を構想したのです。

運営にあたっては、ミドルや経営層の応援を意識しました。「ONE MMC」で開催するトークライブでミドル層に登壇してもらって話を聞いたり、経営層に新入生歓迎会で挨拶をしてもらったりして、「若いメンバーが頑張っている」と認識してもらうように意識しました。**僕は、これまでに20回以上、ミドル層や経営層へのプレゼンを繰り返してきています。**

その時には、会社の課題のうち「ONE MMC」がカバーできる領域はこのあたりといった紙芝居を作って話しています。具体的には、短期的に結果が出やすくトップダウンで行いやすいハード面の課題解決ではなく、部門間の連携による一体感の醸成、全体最適な考え方の浸透など、ポジションのない若手の方がやりやすい課題解決の方法を提示しています。その上で「ONE MMC」でミドル層や経営層に登壇してもらうと応援を取りつけやすいと感じます。昨年ONE JAPANに加入する際には人事本部長の後押しをもらって、CEOにプレゼンをすることができました。

苦労したのは「ONE MMC」の運営コアメンバーとのコミュニケーションです。三菱自動車は東京、愛知、京都、岡山に大きな拠点があります。その連携が最初はとても難しくて。本社側で何か企画して役割を割り振ると、各地区のメンバーはまた押し付けられたといった感覚になりやすい。テレビ会議でも「本社メンバーは勝手だ」と言われ、凹んだこともあります。

でも先日1日合宿をして、会社をどうしていきたいか、自分たちの想いを話し合ったことで初めてメンバーに一体感が生まれました。もともと「ONE MMC」は「making leaders」という、わかったようなわからないようなスローガンを掲げていたのですが、この合宿で「昨日よりちょっと成長できる場を提供する」というセンテンスに変えました。「ONE MMC」のゴールを一緒につくったことにより、誰にとってもこの活動が「自分ゴト化」できたと感じます。実際、この合宿を経てからは、メンバーから様々な企画提案が出てきています。

「ONE MMC」で次にやろうとしているのは、自社製品に対する誇りや理解を深める取り組みです。営業部隊は東京本社に多いのですが、開発に意見をすると「車のことを全然わかっていない」と言われてしまう。かたや地方で開発や生産に携わる人たちも、営業や別事業の開発のことはあまりわかっていない。お互いに理解を深めれば、仕事がもっとやりやすくなるのではないかと考えたのです。これも合宿で腹を割って話せたから生まれた企画なので、有意義な場にできるようにしたいです。

BEST PRACTICE

一緒にコンセプトをつくれば、一人ひとりが「自分ゴト化」できる

リコー

大越瑛美

団体名 One Ricoh 2015年●月〜

コンセプト コミュニケーションプラットフォーム

社外とのつながりでユーザーの生の声を拾い上げる

リコーにはもともと有志団体が多く存在していました。その中で「One Ricoh（ワンリコー）」は、社内のコミュニケーションを活性化するためにつくられた団体です。社員懇談会というオフィシャルな場所での提案から立ち上げられた団体でした。

現在の主な活動は、社外と社内の有志団体をつなぐことです。最近では役員協力のもと、活動することもあります。

社内のメンバーからは、会社対会社で情報交換会を開催しようとすると、事前に5回くらい打ち合わせをして、役職者の許可をとってセッティングする必要があるとよく聞きます。けれどもONE JAPANを活用した情報交換会は、そのような手間をかけずにスピーディに進めることができると社内のメンバーに感謝されました。「ONE JAPAN」というタグがあることで、ゆるいつながりがアメーバ的に広がっています。

昨年度行われたONE JAPANの総会にて、モノ博を開催しましたが、その際に**布にプリントできるガーメントプリンターを発売前に参考出展しました。実際にイベント現場で使用し、フィードバックを開発メンバーに伝え、発売時への改善につなげました。**その後も、横浜市経済局と富士ゼロックス社が共催した「横浜ガジェット祭り2017」へ同プリンターを出展し、開発メンバーがリアルなユーザーの声を聞く機会となりました。

私自身にとっては、全く担当外の製品でしたが、ONE JAPANの活動を通じて、貴重な機会を得ることができました。また、自身の仕事でも活用できるコネクションと知見を得ることもできました。

BEST PRACTICE

発売前の自社製品とユーザーの接点を設けて改善につなげる

おわりに

「どうしてONE JAPANを取材しようと思ったんですか?」

取材中、インタビューを受けていた一人が、この書籍を企画したプレジデント社の小倉宏弥に逆質問をした。

2年前の立ち上げ当初からONE JAPANの活動を追い続けてきた小倉は、その質問に対して、言葉を選びながらこう答えた。

「20代、30代の仕事に対する価値観が変わっているといわれます。取材をしていても、その空気は感じます。けれども、自分を含めた若手の声は上世代の声にかき消されて聞こえにくい。僕は、若手が何を考えて働き、どう生きていこうとしているのかを知りたかった」

小倉は現在33歳。この本は「自分のための本でもある」と言った。

成功者が後から振り返る〝若かった頃の昔話〟ではない。自分たちの世代が読みたいビジネス書は、まさに今日も奮闘している若手の、リアルで地道な一歩。

小倉が切実に知りたいと思った若い世代の働き方と戦い方を、ONE JAPA

Nのメンバーたちは教えてくれた。


「遊ぶように働き、働くように遊ぶ」とJR東日本の村上は言った。

「その仕事、今なら、うちの会社でもできる」と野村総合研究所の瀬戸島は言った。

「一番のリソースは社内にある」とベネッセの佐藤は言った。

「会社にいながら、なりたい自分になれた」とマッキャン・ワールドグループの松坂は言った。

「社会課題を解決しようと思ったら、大企業ほど強い場所はない」と日本取引所グループの須藤は言った。

そして——。

「辞めるか、染まるか、変えるか」とパナソニックの濱松は言った。

本書では「変える」の道を追ってきたが、有志団体での活動の後に「辞める」を選んだ者もいる。ONE JAPANの代表、濱松誠もその一人だ。

これまでプライベートのほとんどを「Ｏｎｅ Ｐａｎａｓｏｎｉｃ」とＯＮＥ ＪＡＰＡＮの活動に注いできた濱松は、このつながりの力をさらに加速させたいと考えた。今までは内から変えていたことを、今度は外からも変えていきたいと考えた上での決断だった。

会社を、社会を巻き込みながら、ＯＮＥ ＪＡＰＡＮの挑戦はこれからも続く。

装幀　水戸部 功
本文デザイン　大橋麻耶
大橋未季（凸版印刷）
取材・構成　佐藤友美
編集　小倉宏弥（プレジデント社）

SPECIAL THANKS

（五十音順）

会社名	団体名	氏名					
アイシン精機	アイシン	志賀竜也	田中翔麻				
	ナンバーワン計画						
朝日新聞	朝日版わるだ組	安藤翔一	梅田実	勘澤綾	篠健一郎	杉本崇	堀江孝治
アステラス製薬	A2	石川亜希	大眉佳大	荻野新治	川野真秀	須藤慶之	高橋和大
		塚原宏樹	中島由紀子	西浜秀美	光岡 圭介	村上貴之	山中堅太郎
		和田祐輔					
アフラック	One Aflac	荒木朋之	石井温子	石原舞	伊藤明人	井上知子	梅澤和泰
		大久保允貴	塊原昌	小松直樹	中村萌子	平島裕	安松亜希子
		山下修平	湯川秀一	横尾真紀子	横澤宏美	若濱靖樹	
AGC	AGseed	青木沙緒里	北野悠基	冨依勇佑			
NEC	CONNECT	青木崇行	五十嵐順一	池田朝泰	池村晋吾	石垣亜純	小池淳一
		佐藤秀樹	遠山由華	楢崎洋子	堀江裕樹	本田浩之	松波亮
		松葉明日華	水野陽一郎	森下文博	諸藤洋明	山田哲寛	
NHK	ジセダイ勉強会	池田周平	神原一光	兒玉章吾	倉富春奈	佐々木知範	助川正紀
		髙田彩子	野島恵里	増澤尚翠	丸山光理		
NTT	O-Den	一杉泰仁	山本将裕				
サントリー食品	ヤングライオン	伊藤美咲	片山透	笹川大介	首藤悠太	仁賀正典	増田明日香
インターナショナル		増野静香	森新	矢吹林	山田雄一		
JR 東日本	チーム・	安藤優	飯塚大輔	石井鈴葉	磯田幸実	岩崎桃子	大井一輝
	ファンタジスタ	大久保真衣	岡志津	川島友里恵	小島由佳子	小森薫	小山智世
		佐溝貴史	沢崎慎祐	蘇武新	髙井理子	田中絹子	寺田菜々美
		野崎雅哉	牧尚史	増田佳	宮下杏子	村上悠	山岡史典
		横内秀理	吉田泰輔	鷲田亜木			
JT	O2	大橋沙彩	柏村長	亀井威	土屋裕	古川将寛	宮内香奈
ソニー	知の共有	上木智史	鎌田浄	倉橋真也	仲沢秀行	中谷文香	永谷実紀
		西海栄一	野崎真吾	林哲也	松下宗一朗	山本幸	
ソフトバンク	やわら会	安藤真志	板垣守昭	乾晃久	小倉聡司	鞍懸弘明	黒石真美子
		桜本拓也	佐野弘明	高橋身奈	田口祥己	玉城潤一	直井理恵
		中嶋恵	直野廉	野口智明	林憲明	守屋恵美	森英記
		柳田晴香	山本諭司	渡邉宏之			
ダイドードリンコ	Dy Club	安部竜馬	糸谷祐希	佐藤温子	佐藤文佳	園原元気	髙桑里奈
		武田剛士	中野絢	水野祐未	森本佳宏		
中外製薬	FRONTIER	伊藤主就	倉富博康	佐々木順一	園池昇太郎	高田信介	富樫樹保
	(SPRING)	トム・メイーズ	豊永穂奈美	中山直	疋田祐基	水野成美	三輪裕樹
千代田化工建設	未来創造室	家田未来	大城昌晃	黒﨑大輔	古賀大介	坂本善明	柴崎惣
		高村正輝	武田真樹	長澤絵美	永橋信隆	西口誠人	福井仁美
		堀田任晃	森彩花				
デンソー	デンソー有志の会	笠松佑史	古仲大輔	立山英彰	中田祐志	松山拓也	
電通	電通若者研究部	岩井雄大	大蔵桃子	筧奈々海	川邉真里奈	小島雄一郎	小島洋介
	(電通ワカモン)	小谷和也	笹森愛	説田佳奈子	辰野アンナ	奈木れい	西井美保子
		兵澤諒	古橋正康	湊康明	村川慧	用丸雅也	吉田将英
東急グループ	水曜講座	秋山弘樹	植松詞子	大町篤史	河添麻以	早瀬礼子	福田育弘
		松原未佳					
東芝	OPEN ROOTS	石崎駿佑	飯伏直美	金子祐紀	川端俊一	岸本有之	草清和明
		國府田遼	佐藤悠生	杉浦千加志	武田知弥	竹中花梨	千木良康子
		中谷拓史	西本留依	松浦華菜子	山口泰平	渡辺尚徳	
東洋製罐グループ	ワンパク＆	荒木宗司	石岡伸也	大澤誉史	大野友美	小川あゆみ	小南敦嗣
ホールディングス	ホットワークス	加藤優香理	清都弘光	小坂泰啓	千賀祥子	角田吉紀	寺澤和馬
東洋ガラス		遠山梢	中村文俊	長尾丈太郎	林美里	洪景杓	松崎連
		三木逸平					
凸版印刷	TOPPA	坂田卓也	菅野清太郎	藤崎千尋	山嵜和樹		
トヨタ自動車	mo.TOYOTA	大岡央宜	北畠弘達	小林莉紗	島貫洋平	鈴木貴博	武田雄一郎
		田中大敦	田中友実	土井雄介	成田智哉	西田陽	松下光旗
		三木成章	森田祐輔	米谷大輔			
豊田通商	着火部	阿部企晴	有滝裕幸	粟島亨	石川達也	伊村悠	大垣智毅
		太田喜貴	大坪正和	大野泰	岡井谷太亮	梶原達也	梶原優樹
		勝田史栞	加藤幸宏	加藤慶之	河合昭彦	木下一達	小山大輔
		児玉雄一郎	志度裕子	篠﨑美和	清水亮	菅井菜未	杉浦浩孝
		鈴木庸介	須原浩一	関駿輔	関仁志	髙橋俊輔	髙橋渚
		楯喜博	土屋浩伸	土屋勇吾	中村崇志	西川周作	能見研一郎
		野田悠貴	服部竜也	浜辺亮輔	前川仁耶	松尾謙吾	松山光
		水野誉志	本井靖浩	本橋和典	安井秀隆	山口悟	山崎一平
		山本涼太	横山悠人	渡辺哲也			

会社名	団体名	氏名					
日揮	JGC3.0	川村知己	周ユエ	田中悠太	中井孝輔	永井 健真	福原緑
		藤間裕美	森創一	安田直弘	山本泰佑		
日本 IBM	Millennial	風間菜央	佐藤麗奈	根本亮	真畑皓	丸岡豊	丸山杏那
	Corps Japan	頼伊汝					
日本取引所	兜ナイト	須藤奈応					
グループ							
日本郵便	P ∞（ピース）	井形晋太郎	伊藤康浩	井上浩昌	鎌澤朗	小林さやか	佐藤祐太郎
		高梨成一	瀧本直哉	中川貴博	仁昌寺弘貴	服部将太	福井崇博
		藤井一慶	藤野純輝	矢野夕梨子			
野村総合研究所	Arumon	伊藤健志	入江眞	馬勝淳史	蛯名俊之介	岡田雄太	金澤圭
		倉澤孝明	佐藤駿郎	清水由賀子	徐若安	杉本雄太	瀬戸島敏宏
		高橋宏圭	田中和広	蒋宗孝	中井翔太	萩村卓也	林田敦
		前田善裕	盛慎	吉竹直樹			
ハウス食品	エンジョブ！	荻嶋景	小向香沙美	小村美生	郡司弘明	児島さゆり	下枝剛
		豊田陽介	中谷浩之	橋詰弘基	原田真希	松山祐也	馬屋原隆広
		南泉希					
パナソニック	One Panasonic	アクセノフ ユージン		浅田みなみ	新井雅美	荒巻航	安藤晃規
		伊藤亮輔	稲田佳紀	井上麻衣子	井上優子	内村義光	大槻洋司
		柏原貴之	門田裕介	金森俊樹	榊原崇	志摩遼一	嶋田健一
		周雪瑩	高嶋真也	高野成彬	田口美紗	橘匠実	津田佳奈
		添田紀子	橡尾麻未	長谷川祐	八田依子	濱松誠	濱本隆太
		藤村真琴	藤原菜々美	本田慎二郎	正清義悟	松本絵美	宮田知佳
		村山博子	山内龍次	山岸龍明	山崎修平	山下達也	山田直毅
		山田亮	山本祥馬	山本宗生			
富士ゼロックス	わるだ組	相田美智子	青木洋	畔津英子	粟津優作	石川奈美	井出真菜
		稲葉光寛	内山夕紀	浦田夏美	遠藤彩子	大石忠広	大川陽介
		刈谷花子	桐川翔太	小林計英	斎藤謙一	齋藤裕	酒井悠
		坂元梓也	佐々木隆太	佐藤貴亮	佐藤文香	末田奈美	薄俊介
		鈴木慎太郎	鈴木達文	鈴木友子	関根聡	袖山弘樹	大門克己
		高橋あおい	田崎モナ	太野大介	冨田太輔	蜂屋祥子	服部圭悟
		馬場基文	藤本泰徳	松本尭大	丸山耕輔	三木祐史	三井駿
		宮田大資	森川敦	森田洋平	安岡大輔	安田勇大	山田渉
		山本雅和	横山純一	吉成和也			
富士フイルム	くものす	淺田惇一	猪股壮太郎	大住早	奥山崇	金子徹也	壽松木健太
		塚本直樹	福本航太	松岡知佳	松田圭介	蓑島和浩	山田仁
		横田泰代	渡部嵩大				
ベネッセ	One Benesse	秋山大志	安部亨	飯田智紀	市野美怜	門口礼	貴家万里加
ホールディングス		久保川洋一	黒木亮徳	黒沼美沙	神前達哉	後藤義雄	榊原洋
		佐藤徳紀	杉山亮介	須田亮	須藤淳彦	田村友宏	田村吉宏
		千原一輝	妻由舞	鶴巻弘和	富樫沙貴	並木瑛子	並木侑也
		原慧	平山実季	檜田真子	福本一樹	松本知也	峰松大介
		村上綾野	村山祐紀子	山田花	吉田光男	鷲巣弘明	
ホンダ	Be Honda	伊藤淳	大塚優	久保田基嗣	藤田脩三	松田年史	美浦彩
		水野昌彦	宮川春香	山本堪大			
マッキャン・	McCANN	内藤志乙良	角田樹一	樋口怜亜	松坂俊	山橋正太	吉富亮介
ワールドグループ	MILLENNIALS	脇田菜穂子					
ミサワホーム	MISAONE	阿部雅樹	堤内真一	平道学人	広中秀俊	降田哲雄	村田啓介
三越伊勢丹	未来の風	井辻康明	兼子あい	神谷友貴	上林大悟	神谷将太	後藤祐一
		佐川俊	柴田廣次	鈴木康之	高畠和伸	竹林憂	寺澤真理
		長岡幸恵	成田雄亮	額田純嗣	野島朋子	原宏史	藤巻沙織
		藤巻幸大	八重澤清史	安田貴史	山本歩実		
三菱自動車	ONE MMC	青木大延	稲月亮太	呉龍	恩田圭輔	小林理恵	杉野明博
		菅原萌	竹内友理	多田亮介	田渕健太郎	當田明浩	永井茂樹
		廣畑慶	三好俊輔	薮野稜介	山口有紀子		
リコー	One Ricoh	井内育生	石井健博	井石健太郎	大越瑛美	荻野星平	川村文夫
		岸秀信	金美礼	小林博繁	斉藤穣	菅野雄介	鈴木智裕
		相馬秀幸	高橋博美	田附朋之	中野雄介	花井厚	林寛紀
		福島公洋	福田竜一	舟場千絵	宮原祐子	山田健児	
ONE JAPAN ハッカソン		會田昌史	安藤晃規	五十嵐梨沙	板崎輝	今田はるか	大石忠広
		大坪正和	小俣博司	北山翼	桐川 翔太	黒瀬義敏	國府田遼
		酒井悠	情家智也	鈴木慎太郎	鈴木規之	角岡幹篤	勢津智佳
		田中純矢	楢崎洋子	林浩之	人見健三郎	日比野博謙	平野裕人
		堀川大河	松原未佳	丸岡豊	美谷広海	宮川 幸久	

仕事はもっと楽しくできる

大企業若手
50社1200人
会社変革ドキュメンタリー

2018年10月 1 日　第1刷発行
2018年10月29日　第2刷発行

著者　ONE JAPAN
発行者　長坂嘉昭
発行所　株式会社プレジデント社
〒102-8641
東京都千代田区平河町2-16-1 平河町森タワー13 F
http://www.president.co.jp/
電話　編集 (03) 3237-3737
販売 (03) 3237-3731
販売　桂木栄一　高橋 徹　川井田美景
森田 巌　末吉秀樹
制作　佐藤隆司
印刷・製本　凸版印刷株式会社

ISBN 987-4-8334-5134-5
Printed in JAPAN